JN291259

●対話で学ぶ心理学シリーズ 2

対話で学ぶ
発達心理学

塩見邦雄◎編
SHIOMI Kunio

ナカニシヤ出版

序　文

　私たちは「対話形式」で心理学を学んでいくシリーズを企画し，それらの刊行を進めています。対話形式で疑問点や重要な点を示しながら，当該の分野の最近の様々な研究内容や知見を学んでいこうという企画です。「対話形式」で学ぶ方法は，他の方法よりも，思考が深まり，興味もわいてくることが多いと思います。そして，このシリーズは最終的には少なくとも5巻にはなるであろうと思います。

　そして，これまでに，本シリーズの第1巻目，『対話で学ぶ心理学』を刊行しました。『対話で学ぶ心理学』では，現在の心理学の各領域を，うまく整理して示すことができたと思います。

　その本の序文にも書きましたが，現在，家庭や学校に着目しますと，子どもたちの心が十分に把握できずに，悩んだりとまどったりする親や教員が多いようです。ご存知のように，本邦は少子高齢社会に，他の西欧諸国と比較しても非常に短期間で突入してしまいました。そのために，教育のみでなく，様々な分野で未知の領域に入っていると思います。経済しかり，教育しかり，福祉しかりです。本当に様々な問題が山積したままです。人の「発達」や「人性心理学」とか，人の生き様に関わる「哲学」の問題も残されたままです。

　それら様々な問題の山積の中では，どれが第一番目に対処しなければならないということではなく，どれもこれもすぐに対応していかなければならない重要な問題でありますが，心の問題は「生きる」問題とか「人性」問題とかと関わっているために，その問題の解決には，多角的な検討が必要です。つまり，1人ひとりの個人の生き様の問題や人間関係の変化などからくる問題などについての心の理解が必要です。

　心を理解するために心理学をわかりやすく説明するということであれば，それなりの知識をもって対応しなければならないであろうと，私たちは考えます。心を知るためには，「心とは何か」から始まり，「心の機能」などを知る必要があります。心理学は人間の生き様に関わるものだけにその幅は広いのです。

「発達心理学」は心理学の中でもとりわけその根幹の領域に属するものだと思います。なぜなら，発達というのは，人の一生そのものだからです。そして，多くの研究者の絶えざる観察や思考や研究によって構築されてきた，人の発達の様々な知見や議論は，人が生きていくガイドとなっているのです。そこで，発達に関わる基本的な内容を厳選して，発達心理学の真髄を学んでいこうというのが，本書の第一の趣旨です。本書では，発達心理学の基盤となる内容や研究法を紹介しつつ，また，発達の各段階での具体的な心の原理と動きについての理解を得ることに重点をおきました。

　私たちは，今回も精一杯努力して，本書を上梓いたしました。本書に対しての皆様方の暖かいご指導とご鞭撻をよろしくお願いいたします。そして，本シリーズの刊行を続けていきたいと考えています。

　最後になりますが，本書シリーズの出版にあたってナカニシヤ出版の中西健夫社長，宍倉由高編集長，その他事務の方々などに本当にお世話になりました。これらの方々に心からお礼申しあげます。

2004年3月15日
塩見　邦雄

目　次

序　文　*i*

第Ⅰ部　発達心理学の基礎

第1章　発達の基本原理……………………………………………………3
第1節　人間の発達　3
第2節　人間の発達の特徴を示すもの　6
第3節　発達の原理の理解　31

第Ⅱ部　発達の諸相

第2章　保育園・幼稚園時代………………………………………………43
第1節　身体的生物学的発達　43
第2節　乳児の認知的世界　46
第3節　乳児の社会的・感情的発達　54
第4節　幼児の世界　57

第3章　小学校時代…………………………………………………………66
第1節　身体の発達と心理社会的危機段階　66
第2節　保存と概念の獲得　67
第3節　道徳性の発達　71
第4節　同一視と社会的ルールの獲得　76
第5節　小学校時代の自己概念と友人関係　79

第4章　中学生時代 ………………………………… *83*
第1節　中学生の発達特徴　*83*
第2節　中学時代の発達課題　*90*
第3節　中学時代の悩みとその支援　*92*

第5章　高校生時代 ………………………………… *102*
第1節　高校生の発達特徴　*102*
第2節　高校時代の発達課題　*110*
第3節　悩みを持つ中・高校生への関わり方　*116*

第Ⅲ部　発達障害

第6章　発達障害とは ……………………………… *121*
第1節　カナーの研究と内因（分裂病）論　*121*
第2節　心因（環境）論から外因（器質因）論へ　*123*
第3節　ラターの言語・認知障害説　*124*
第4節　アスペルガーの報告　*124*
第5節　DSM-Ⅳによる整理と分類　*125*

第7章　自閉症 ……………………………………… *133*
第1節　カナータイプ　*133*
第2節　高機能広汎性発達障害　*142*

第8章　ADHD（注意欠陥／多動性障害） ………… *151*
第1節　子どもとの出会い　*151*
第2節　発達障害理解への発達論的視点　*162*

第9章　LD（学習障害） …………………………… *174*
第1節　LDの概念が生まれた歴史　*174*
第2節　医学上からみたLDの概念　*176*
第3節　教育上からみたLDの概念　*178*

第10章　発達障害における臨床的支援……………………………………187
　　第1節　学校教育への支援　*187*
　　第2節　保護者への支援　*190*

索　引　*195*

第Ⅰ部

発達心理学の基礎

第1章

発達の基本原理

第1節　人間の発達

1.1　発達心理学の研究の対象と方向

　先生　「発達心理学の研究は，最近までは青年期までがほとんどだったんだよ。幼児期について，あるいは児童・青年期についての実におびただしい研究がそのことを如実に物語っている。発達の研究は，心理学の研究の中でも根幹にあたるものだよ。そもそも発達あっての人間だからね。」

　A君　「わかります。発達の問題というのは，心理学だけでなく，医学などでもそうですし，人間科学に関わるすべての学問の中心ですよね。」

　先生　「そう。それは，人間の一生を案内する学問だからね。でも最近，発達心理学の傾向にも新しい基軸が加わってきたんだ。そのうちの1つの軸は，研究の方向についてだけれど，「胎児期」や「乳児期」，いわば発達のきわめて初期の段階についての研究と，「エイジング（あるいは，加齢；aging）」の考え方による熟年の発達研究への強い関心がみられるんだね。」

　A君　「先生の言われた「胎児期とか乳児期」は，それこそ初期段階ですよね。そこは，人の将来の発達に関わるものであるし，「エイジング」という壮年期以降の発達という観点も，より良き発達という観点からきわめて大切なところと理解できます。」

　先生　「それから，発達についてのもう1つの軸は「サルベージ」(salvaging)という考えだね。つまり何らかの障害があったとしても，その機能は「修復」できる，という考えだね。」

A君　「サルベージですか。」

先生　「うん。脳や身体器官に何らかの障害があっても，人は発達の過程の中で，その障害を他の器官が補償をして，その障害を持つ器官の働きをカバーするようなことが可能になる，ということなんだ。」

A君　「そうなんですか。でも今までそのことがわからなかったんですね。」

先生　「そうなんだよ。人間というのは，底知れない復元力というか，カバー力を持っている。そういうことも理解され出したんだよ。」

A君　「なるほど。とても興味深いですね。」

先生　「そうだね。それを促進するのは，本人の努力や親や他の人たちの援助や指導だね。当たり前のことだけれども，人みんなが助け合って生活していくというのは，いろいろとすばらしいことを引き起こすんだよ。」

1.2　発達を規定する要因

本書は，発達を，乳児期，幼児期，小学生期，中学生期，高校生期，と分けて，それぞれの特徴やケアすべき点を示している。また，発達障害に関わる諸々の事柄についても記述している。それと，発達研究の方法についても示している。一般的に述べれば，発達の時間軸のスパンを長くとると，拡散しすぎることも起こるが，全体の発達図式を読みとることができる。本書は，主に若年までしか述べていないが，ある程度，人の発達の図式を理解できると考える。

ところで，発達に影響する要因として，おおまかには3つあげることができる。それらは，

(a) 基準的年齢成熟的要因（normative age-graded factor）

(b) 基準的文化的，生育史的要因（normative history graded factor）

(c) 個別的要因（non-normative factor）

である。

(a)は子どもたちの発達のプロセスにおいて判を押したように出現してくるもので，生物的，および環境的要因によるものである。(b)は，どの時代に生まれ，どのような環境（地域的なものを含む）に育ったか，ということに影響をうけるものである。そして(c)は，個々人の生き様，暮らし方，生育史，

といった，その人固有のことに関係してくるものである。発達は，これら3つの要因が相互に影響し合って顕現化されてくるものである（図1-1）。そして，これら3つが合成して，加齢とともに発達していくわけである（図1-2）。

　本書は，人間の発達を視座において，できるだけ幅広いスパンにおきながら，身体的能力，神経系，パーソナリティ，言語，情報処理，知能，社会化，などについて，そして発達障害について検討したものである（なお，エイジングについては，塩見（1986）に詳しい）。

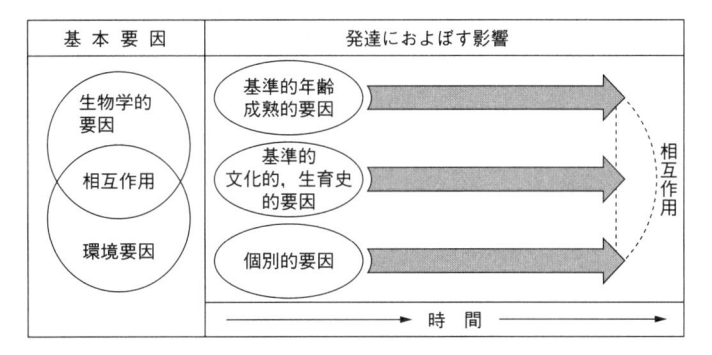

図1-1　発達に影響をおよぼす要因

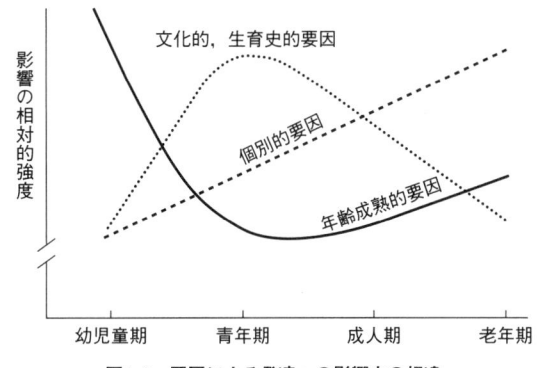

図1-2　要因による発達への影響力の相違

第2節　人間の発達の特徴を示すもの

2.1　初期学習について

先生　「人間の赤ん坊はなぜあんなに完全な養育が必要なんだろう。まさに完全看護・養育だよね。このような養育をしないと人間は独り立ちができないんだ。他の動物をみてごらん，独り立ちが本当に早いよね。」

A君　「人間の赤ん坊の場合は本当にか弱くて，何もかもしてあげないと成長できませんよね。そのことは，何か人間の特徴と関係しているのでしょうか。赤ん坊を見るにつけて思ってしまいます。」

B君　「この人間の特徴をうまく説明する理論はないのでしょうか。」

先生　「そうだね。「離巣性と定巣性」という考えがあるね。」

A君　「それはどういうものなんですか。」

先生　「この説は何というかもう新しいものではないんだけど，説得性はあるよ。まあ聞いてみてよ。スイスの動物心理学者ポルトマン（Portmann, A.）はいろんな動物の個体発達を比較検討して，動物には誕生後すぐに自力で動き出すことのできるもの，例えばライオンとかウマなどの哺乳類と，しばらくの間は親の保護をうけなければ生存できないもの，例えばトリ類，の2種類に大別できることを発見したんだ。そして，前者を「離巣性」の動物，後者を「定巣性」の動物と定義して区別した。「離巣性」の動物，「定巣性」の動物の特徴はいろいろとあげられるけど，例えば，「離巣性」の動物は妊娠期間が長いんだね。それと比較すると，「定巣性」の動物の妊娠期間はきわめて短かくて，20～30日のものが多いんだ。ところで，人間は高等哺乳類に属する。「離巣性」の動物の範疇の第一番目に入るべきものだ。人間の場合，妊娠期間も約280日だよね。しかし実際には，みてわかる通り，人間の新生児は誕生直後からすぐに歩行ができるような状態ではないよね。それはまさに「定巣性」の範疇に入る。人間の新生児が「離巣性」の動物の誕生時の状態にまでたどりつくためには，さらにもう1ヶ年が必要だ。トリなどは，親ドリがせっせと餌を巣に運ぶよね。ヒナは誕生後5日ぐらいから羽根らしきものが出てきて，4週間ぐらいで巣立ちをしていく。人間の場合は，ちょうど満1歳ぐらいで歩き出す

よね。」

A君　「定巣性と離巣性って，よくわかるうまい定義ですね。」

先生　「少し長くなるけど，もう少し説明させてね。ポルトマン博士によれば，人間の乳児は1年早く生まれすぎた，つまり「生理的早産」というわけなんだ。哺乳類は「離巣性」なので，人間もそうであるためには，結局，もう1年間ぐらい母体にあるべきであるということだろう。しかし，そうはいっても，その場合，胎児がさらに大きくなりすぎるし，妊娠期間がそのように長いということも自然の摂理からはかけ離れたことであるし，仮に可能だとしても，第一，母体が危険だよね。だから，1年間早く生まれすぎた。そのために，「離巣性」の範疇には入ることができない，というわけだ。」

A君　「わかりました。「月満ちて生まれてくる」，というのは10月10日母体にいて生まれてくるということですね。1年早産ということであれば，本当なら1年と10月と10日間ということになりますね。そして，またそれだけ長い間母体にいるような動物は，この地球上にはいないわけですね。」

先生　「考えてみれば，その1年早産ということに人間の特徴が表れているともいえるね。つまり，母体から離れて，もはや胎児ではないということで，乳児に直接的にいろいろと教育を施すことができるしね。環境要因を加えることができる。そのことが，さらに人間を他の動物とは相違するようにならしめているといえるんじゃないだろうか。」

A君　「誕生後1年の人間の乳児の脳髄の発達は他の動物にはみられないほど早く，また充実していくんですね。このことからも1年の持つ意味の重要性を再確認できるわけですね。」

B君　「たしかに，人間の生後1年というのはいろんな点で注目されているところですよね。誕生以降のその赤ん坊の知的発達にしろ，性格にしろ，それらの基礎を形成する本当に重要な時期である，ということを脳生理学の本で読みました。」

先生　「その通りだね。脳はこれまでブラック・ボックスのところが多かったんだけど，脳研究が進んで，生後1～2年の間の経験が脳機能の発達ときわめて強く関連しているということがだんだんとわかってきたんだよ。」

(1) 定巣性と離巣性の説明

　動物の新生児の誕生時の状態が「その後長い間，巣の中にあって自食しえない状態」（定巣性；Nesthocker）か，誕生直後から「ただちにとび立つことができる状態」（離巣性；Nestfluchter）かに着目して，動物を分類する方法。ポルトマン博士によって理論だてられたものである。

　哺乳類の中でもその頂点に立つ人間が「定巣性」の動物の範疇に入るということは本当に驚くべきことである。シマウマの子，シカの子などの有蹄類，あるいはサルなどの霊長類などの新生児は母体から生まれでると，すぐに歩行することができる。それに比較すると，人間の新生児はか弱い。しかも，自力で歩行することができるようになるまでに誕生後さらにおおよそ1年間必要である。このことは人間の新生児のきわめて不利な点であり，弱点である。しかし，そのことは逆に有利な点ともなる。つまり，その1年間に，親は自分の子に対して，愛情を注ぐことができるし，また，しつけや教育をすることができる。だから，この1年間は人間を人間たらしめるようにさせる期間，動物の心から人間の心への転換のための期間ということもいえよう。

(2) 新生児の身体的発達

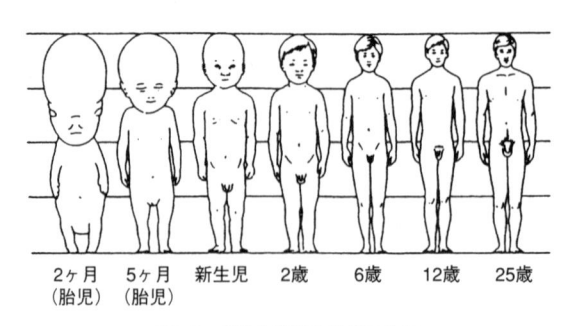

図1-3　身長と頭部の長さの比較

　外見的に判断しやすい身長と頭部の比で検討してみるとわかるように（図1-3），新生児はおおよそ4頭身であるが，成人では7〜8頭身になる。このことは人間の場合，発達が進行するにつれて頭部の対身長（対身体）の比が徐々に小さくなっていくことを示している。このような現象がみられるのは，頭（脳

髄）が発達の初期に，かなり発達するためである。サルなどではこのように人間の新生児にみられるような頭部対身長の比が大きくはなく，成育した大人のサルの場合の縮図にかなり類似している。だから，誕生時の人間の脳髄の発達は，他の動物と比較して，かなり進んだ状態であることが推察できる。このような特徴を持った人間の新生児の発達であるが，スカモン（Scammon, R.E.）は身体各部の発達の様相の相違を4つのタイプに分けている（図1-4）。それらは「神経型」「リンパ型」「生殖型」「一般型」である。神経型は大脳，脊髄などの発達を示したものであるが，その図からわかる通り，成人を100％とすると，6歳ぐらいで大体90％ぐらいまでに発達が終了してしまう。その他を検討すると，リンパ型は胸腺や各リンパ組織の発達を表したものであるが，この型も12, 13歳までの発達が著しい。これに対して「生殖器」，つまり睾丸や卵巣などの性器官は青年期までそれほど発達しない。このように身体各部位によって発達の様相は相違する。しかし，いずれにしろ，この図から人間の場合，生後3～4年の間までの脳髄の発達が著しい。このことから脳の発達は3歳までのケアが大切といわれている。また，最近の知見では脳の発達はさらに早く始まっており，そのために「2歳」までがきわめて大切ということもいわれている。

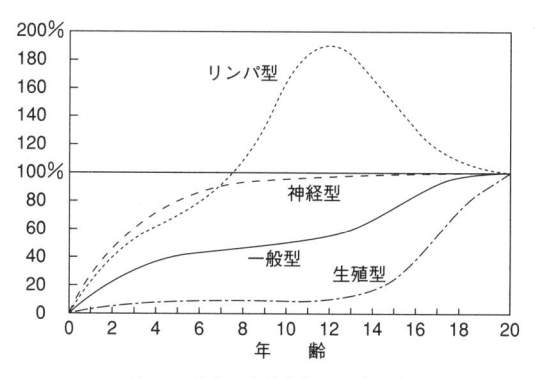

図1-4　人間の身体各部の発達曲線

(3) 発達加速現象

人間の新生児は，他の哺乳類などと比較してみて，他の動物とは相違する特

徴を持つことがわかったが，誕生後，とくに最初の1年間は，脳髄，身長，体重などの成長が著しい。そして，その後はきわめてゆっくりと成長し，その期間も長い。15〜18年とされる人間の発達のピークまでの期間は，他の動物ではすでにその成長がとまってしまったはるか後になるほどである。この出生後から発達のピークにいたるまでの人間の成長の特徴の把捉も大切である。そこで，ここではそれらの問題について示す。表1-1は，人間の5〜17歳までの身

表1-1 年齢別 身長・体重・座高の平均値および標準偏差（全国調査 男女）（文部科学省, 2003）

区分			身長 (cm)		体重 (kg)		座高 (cm)	
			平均値	標準偏差	平均値	標準偏差	平均値	標準偏差
男	幼稚園	5歳	110.8	4.69	19.2	2.77	62.1	2.88
	小学校	6歳	116.7	4.94	21.7	3.64	65.0	2.90
		7	122.5	5.17	24.3	4.48	67.7	2.98
		8	128.2	5.49	27.7	5.61	70.4	3.14
		9	133.6	5.75	31.2	6.87	72.8	3.20
		10	139.0	6.18	34.9	7.97	75.1	3.35
		11	145.2	7.15	39.4	9.34	77.9	3.81
	中学校	12歳	152.8	8.05	45.2	10.42	81.5	4.54
		13	160.2	7.64	50.6	10.80	85.2	4.47
		14	165.5	6.64	55.5	10.72	88.1	3.98
	高等学校	15歳	168.3	5.87	60.3	11.43	90.0	3.44
		16	169.9	5.76	61.9	10.88	91.0	3.25
		17	170.7	5.72	63.2	10.96	91.5	3.23
女	幼稚園	5歳	110.0	4.68	18.9	2.72	61.7	2.83
	小学校	6歳	115.8	4.89	21.1	3.49	64.6	2.84
		7	121.8	5.22	23.8	4.20	67.4	2.97
		8	127.5	5.63	26.9	5.19	70.1	3.17
		9	133.5	6.21	30.4	6.31	72.9	3.41
		10	140.2	6.85	34.8	7.56	76.0	3.86
		11	146.8	6.80	39.8	8.33	79.3	3.96
	中学校	12歳	152.1	5.95	44.9	8.84	82.2	3.63
		13	155.2	5.40	48.3	8.47	83.8	3.21
		14	156.7	5.24	50.4	8.26	84.8	3.02
	高等学校	15歳	157.3	5.27	52.4	8.52	85.3	3.00
		16	157.7	5.30	53.3	8.20	85.4	2.96
		17	157.9	5.26	53.5	8.29	85.4	2.98

（注）1. 年齢は，各年4月1日現在の満年齢である。以下の各表において同じ。
2. 中学生には中等教育学校の前期過程，高等学校には中等教育学校の後期過程を含む。以下の各表において同じ。

長，体重，および座高の発達を示したものである。この表によると，10歳ぐらいからしばらくの期間，女子の発達が男子のそれを上まわる。その他の期間は男子の方が女子を凌駕する。10歳ぐらいからしばらくの間，女子の発達が男子のそれを上まわるのは，青年期のいわゆる急伸期の始まりが，男子よりも女子の方が早く開始されるためである。しかし，その後は身長にしろ，体重にしろ，男子の発達の方が女子のそれらをはっきりと凌駕する。表1-2と図1-5

表1-2 年齢別 身長の平均値
(cm)

区分			平成14年度 A	平成13年度	昭和47年度 B（親の世代）	差 A－B
男	幼稚園	5歳	110.8	110.7	109.5	1.3
	小学校	6歳	116.7	116.7	115.2	1.5
		7	122.5	122.4	120.5	2.0
		8	128.2	128.2	125.9	2.3
		9	133.6	133.5	130.9	2.7
		10	139.0	138.9	135.8	3.2
		11	145.2	145.3	141.1	4.1
	中学校	12歳	152.8	152.9	147.8	5.0
		13	160.2	160.2	154.9	5.3
		14	165.5	165.5	161.2	4.3
	高等学校	15歳	168.3	168.6	165.5	2.8
		16	169.9	170.0	167.4	2.5
		17	170.7	170.9	168.3	2.4
女	幼稚園	5歳	110.0	109.9	108.7	1.3
	小学校	6歳	115.8	115.9	114.3	1.5
		7	121.8	121.7	119.7	2.1
		8	127.5	127.5	125.2	2.3
		9	133.5	133.5	130.6	2.9
		10	140.2	140.3	136.8	3.4
		11	146.8	147.1	143.2	3.6
	中学校	12歳	152.1	152.2	149.0	3.1
		13	155.2	155.2	152.6	2.6
		14	156.7	156.8	154.5	2.2
	高等学校	15歳	157.3	157.2	155.3	2.0
		16	157.7	157.7	155.6	2.1
		17	157.9	158.0	155.8	2.1

は，身長の発達を年齢ごとに調べたものであり，「横断的研究」といわれるものである（この調査は，その対象とする個人や集団の変化を時間的に追跡していくので発達の変化をはっきりと把握できるが，データをまとめるのに時間がかかる）。さらに表1-3と図1-7，表1-4は，それぞれ体重と座高について示したものである。さらに，図1-6と図1-8は，昭和29年度生まれの人と昭和59年度生まれの人の各年齢ごとの年間発育量を示したものである（これらは，同一年齢の個人や集団の発達の様相を継時的に調べたものであり，「縦断的研究」

表1-3　年齢別　体重の平均値
(kg)

区分			平成14年度 A	平成13年度	昭和47年度 B（親の世代）	差 A－B
男	幼稚園	5歳	19.2	19.2	18.5	0.7
	小学校	6歳	21.7	21.7	20.4	1.3
		7	24.3	24.3	22.8	1.5
		8	27.7	27.6	25.3	2.4
		9	31.2	31.1	28.0	3.2
		10	34.9	35.0	31.3	3.6
		11	39.4	39.5	34.7	4.7
	中学校	12歳	45.2	45.4	39.5	5.7
		13	50.6	50.6	44.9	5.7
		14	55.5	55.5	50.4	5.1
	高等学校	15歳	60.3	60.1	55.0	5.3
		16	61.9	61.7	57.5	4.4
		17	63.2	62.8	59.1	4.1
女	幼稚園	5歳	18.9	18.8	18.1	0.8
	小学校	6歳	21.1	21.2	20.1	1.0
		7	23.8	23.7	22.2	1.6
		8	26.9	36.9	24.9	2.0
		9	30.4	30.5	27.9	2.5
		10	34.8	34.7	31.7	3.1
		11	39.8	40.1	36.3	3.5
	中学校	12歳	44.9	44.9	41.5	3.4
		13	48.3	48.3	45.7	2.6
		14	50.9	50.9	48.8	2.1
	高等学校	15歳	52.4	52.2	50.8	1.6
		16	53.3	53.2	51.9	1.4
		17	53.5	53.2	52.3	1.2

といわれる）。これらの図や表からいえることは，身長，体重ともに年代ごとに伸びていっているということである。例えば，身長は，昭和47年度の小学1年生と平成14年度の小学1年生とでは1.5cm以上の相違がある。現代の子どもと彼らの親の子ども時代とを比較すると，現代の子どもの方が身長も大きいし，体重も重たい。この現象は，「発達加速現象」（acceleration of growth）といわれる。そして，この発達加速現象は身長や体重などが若い世代ほど高くなり，また，重たくなる「成長加速」と，成長の時期がより早くなる，つまり

表1-4　年齢別　座高の平均値

(cm)

区分			平成14年度 A	平成13年度	昭和47年度 B（親の世代）	差 A－B
男	幼稚園	5歳	62.1	62.1	62.0	0.1
	小学校	6歳	65.0	64.9	64.6	0.4
		7	67.7	67.7	67.2	0.5
		8	70.4	70.4	69.5	0.9
		9	72.8	72.8	71.7	1.1
		10	75.1	75.1	73.8	1.3
		11	77.9	77.9	76.1	1.8
	中学校	12歳	81.5	81.6	79.3	2.2
		13	85.2	85.1	82.8	2.4
		14	88.1	88.1	86.1	2.0
	高等学校	15歳	90.0	90.1	88.6	1.4
		16	91.0	90.9	89.6	1.4
		17	91.5	91.5	90.1	1.4
女	幼稚園	5歳	61.7	61.6	61.4	0.3
	小学校	6歳	64.6	64.6	64.2	0.4
		7	67.4	67.4	66.7	0.7
		8	70.1	70.1	69.2	0.9
		9	72.9	72.8	71.6	1.3
		10	76.0	76.0	74.4	1.6
		11	79.3	79.5	77.6	1.7
	中学校	12歳	82.2	82.3	81.0	1.2
		13	83.8	83.8	83.1	0.7
		14	84.8	84.8	84.2	0.6
	高等学校	15歳	85.3	85.1	84.7	0.6
		16	85.4	85.3	85.0	0.4
		17	85.4	85.4	85.0	0.4

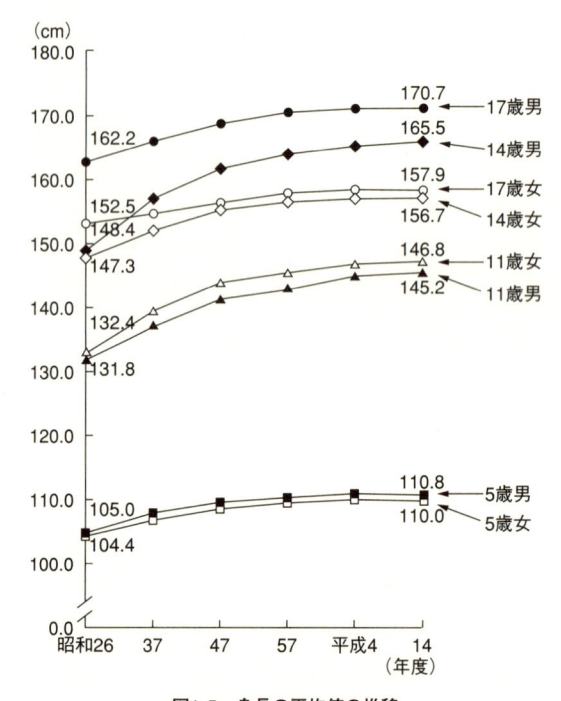

図1-5　身長の平均値の推移

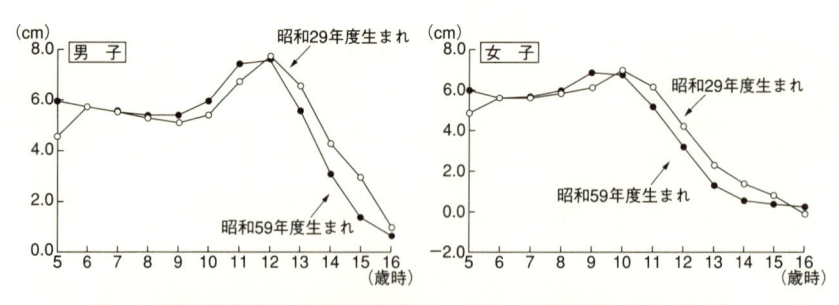

図1-6　昭和59年度生まれと昭和29年度生まれの者の年間発育量の比較（身長）

「成熟の前傾傾向」の2つの面がある。生活環境が改善されてきたこと，テレビ・映画などの視・聴覚刺激の影響によるホルモン分泌が早くなっていること，また大きくは，食物，つまり栄養などが良くなってきたこと，などの促進要因があげられる。

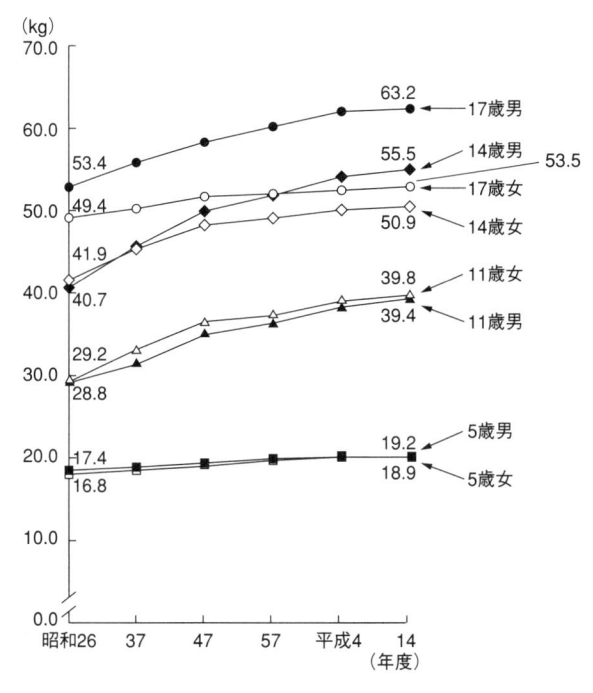

図1-7 体重の平均値の推移

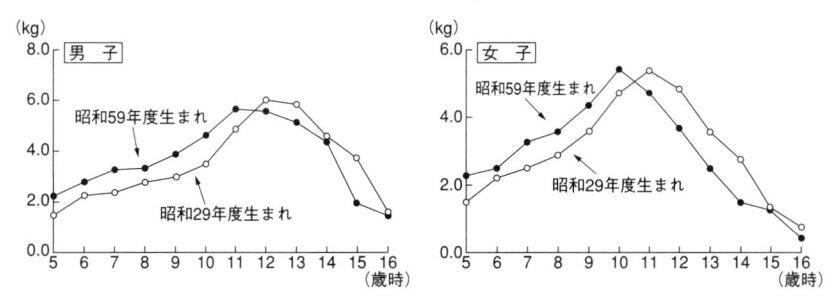

図1-8 昭和59年度生まれと昭和29年度生まれの者の年間発育量の比較（体重）

　この発達加速現象については，地域差などがあることも指摘されている。一般的には，都市部の児童の方が，農山村部の児童よりも幾分，発達が早い。この現象は「発達勾配」といわれている。この発達勾配現象が生じる理由については，1）都市の生活の方が刺激がより豊富なこと，2）都市の生活の方が自

由で，伝統とか因習などに束縛されることが少なくて，心理的に開放的であること，などが身体の発達を早めるのではないかと考えられる。

2.2 刷り込み現象
(1) 刷り込み現象についての予備知識

　比較行動学者ローレンツ（Lorenz, K.）は，誕生後間もないハイイロガンのヒナたちを観察していた。ハイイロガンは前述の「定巣性」の動物である。これらヒナたちに対して，彼は少し動いてみせ，また声を出してしゃべってみた。そうしたところ，どうしたわけかヒナたちはローレンツにむかって首をむけて，叫び出したのである。そして，その時以降，ヒナたちは彼の後を追い続け，その行動はあたかもローレンツを自分たちの「親」として認知したかのようであった。この現象を発見したローレンツはその後さらに実験や観察をおこなってみて，この現象が別にローレンツでなくても惹起することも発見した。それは動物，人間，その他ほとんどすべての物体（必ずしも，生き物でなくてもよいこともわかった）が対象となる。これは，本当に驚くべき現象である。このような現象が惹起するのは，ヒナたちが孵化後初めて見たり，聞いたりする物体の後に追随していき，それを自分の親として認める傾向を持っているためである。ふつう，ヒナたちは真近にいてくれる親ドリを自分の親として認知する。しかし，そのことがどのような過程を経て成立するのかについてはよく解明されていなかった。それがローレンツの発見によってかなり理解されるようになった。この現象の特徴の1つに，これが一度成立してしまうとそれ以後消失してしまうことがない，ということがある。このことからこの現象は生得的な学習メカニズムの作用によって惹起されるのであろうと考えられる。ローレンツはこの現象を「刷り込み」（imprinting；Prägung）と名づけた。だから，この「刷り込み」現象には，動物の誕生後，個体には生命維持に関係するきわめて大切な事項を学習するタイミングがあって，しかもそれを一度学習すると，その後この学習は消失しない，ということが含まれている。

　先生　「比較行動学者のローレンツ博士によって，ヒナドリたちには自分たちの親はどれかを認知するメカニズムがあり，それは「刷り込み」という現象

によるということが発見された。この現象は生得的に持っている学習メカニズムによるものだ。「刷り込み」というのは，たった今，勉強したところだよね。」

A君　「このことは生体の発達にどのような意義を持っていると考えたらいいんでしょうか。すごい発見のような気がしますが。」

先生　「ローレンツ博士によるこの発見は，個体の発達の初期の段階で行動がどのように形成されるのかを示すために重要な意義を持っているといえるんだ。瞬間的にしろ「認知」が働いているわけで，「認知」がキー概念なわけだけど，要点をまとめてみよう。それらは，

(1) 刷り込みは動物の誕生後のきわめて限定された期間内のみだけに惹起されること。
(2) 一度その学習が生起してしまうと，もうその刷り込みの消去はできないか，またはきわめて困難であること。
(3) この刷り込みは生得的に備わったものであって，個体の将来の行動そのものを規定するものであること。

などだよ。」

A君　「この刷り込みの持つ生物学的な意義としてどのようなことがあるんでしょうか。定巣性の動物ですから，親の認知は食べ物の摂取や外敵などから身を守るために重要であることははっきりとしていますし，そのことはよくわかるんですが。」

先生　「この刷り込み現象から推論すると，ヒナドリたちは孵化後，自分たちのごく近くにいてくれている動く物体に対して，これはふつうの状態では親ドリなんだけど，それを自分たちの親として認知して，その後についていくということがわかる。この現象はヒナたちの生存にとっては，実に重要な意味を持っているんだ。親ドリは自分に食物を与えてくれて，また危険を知らせてくれたり，守ってくれたりする。この養育者，つまり親ドリがどれなのかをヒナが認知できなければ，ヒナ自身の生存はおおよそ不可能だよね。だから，親がどれかということの認知はヒナたちの生存のためには，まず第一に重要なことなんだよ。だから，この刷り込みが親の認知を働きかけ，ヒナたちの以後の生存を助ける役割を果たしているといえるんだね。」

A君　「このような刷り込み現象が動物にあって，自然に親の認知がおこな

われていくということは理解できたんですが，このような現象は，人間のような高等動物にもみられるんでしょうか。」

先生　「この刷り込み現象の発生のメカニズムを考えてみると，この現象がヒナの誕生直後に生じるために，あらかじめ持って生まれた，つまり生得的な学習のメカニズムが惹起されると考えなければならないね。このようなトリなどにみられる刷り込みが人間のような高等動物にもみられるかというと，厳密にいえばないだろうね。」

A君　「人間の場合は，それに心の形成が関わってきますよね。」

先生　「そうなんだ。人間の場合，乳児期に体験することは前述したように，後の彼の成長・発達に大きく影響することがはっきりとわかっている。これは短時間内で惹起されるものではなく，時間軸がきわめて長いよね。けれど，それも一種の刷り込み現象であると考えてもさしつかえないということはいえるよ。」

A君　「いわゆる初期学習の重要さということでしたね。」

先生　「そう。現在では，刷り込みというごくごく限定された時間内での生起のみならず，もう少し長い時間軸，つまり「初期学習」という観点から発達初期の体験の重要性が認識されているんだ。」

(2) 刷り込み（または刻印づけ）

インプリンティング（imprinting；Prägung）は「刷り込み」（刻印づけ）と訳されている。比較行動学者のローレンツが発見した一種の「初期学習」のことである。トリなどの，「定巣性」の動物にはっきりとみることができる。これは，遺伝的に組み込まれた行動パターンの解発によって生じると考えられている。その行動パターンは動物の持つメカニズムと，それを引き起こす刺激との組み合わせによるものである。

また，この現象はヒナドリたちの孵化後の数日間以内，しかも多くの場合，その中のごく限定された最初の数時間以内に生じて，その後はいくら同じことをその刷り込みをおこなわなかった同種の別のハイイロガンにおこなってみても，もはや全く惹起されてこない。また，ひとたび刷り込まれた対象に対しては，その刷り込みを解消してしまうこともできにくい。

(3) 一般的な理論

　動物の行動の惹起される仕組みの1つが，この刷り込み現象から理解できた。ここに本研究の格別の意義がある。動物のこのような行動を引き起こすものは，基本的には遺伝的にその個体に組み込まれた働きによるものである。なぜなら，このように刷り込みも，それをおこなうメカニズムを個体が持っていなければ，このような行動は生じてこないためである。親（保護者）の認知は誕生直後の個体にとっては，即必要なことである。さもなければ，その個体の生存は危うい。だから，この種の行動は誕生後に即形成される必要がある。しかし，もとより動物の行動全体からみると，発育上の環境によって影響をうける部分ははるかに多い。ただ，この刷り込みの発見から，人間のような高等動物の場合，初期経験や初期環境の重要さがあらためて認識されるようになった。人間の場合，刷り込みのような現象はないにしろ，何らかの刺激によって開発し，作動する神経メカニズムがあるだろう。それは，そのことによって個体が以後，大きな影響をうけ，本来の発達の道筋とは全く相違した過程をたどっていく，ということなどを考えてである。

(4) 用語の理解

　比較行動学　動物の行動を観察し，その生起のメカニズムなどを解明しようとする生物学の一分野を指す。「動物行動学」，とか「エソロジー（ethology）」ともいう。ここで述べたローレンツやティンバーゲン（Tinbergen, N.）などは代表的な学者である。

　初期学習　初期経験ともいう。人間などの高等動物の場合，インプリンティングのような生後2，3日以内に起こる「劇的な」学習はないと考えられる。しかし，このインプリンティングから，発達の初期の段階で生じる学習が，後の行動に決定的な影響をおよぼすものとして，重要視されるようになった。このような動物の行動はその大部分が持って生まれた神経メカニズムの解発から成り立っている。しかし，彼らにも，もちろん，ある程度の学習能力はある。しかしながら，実際はこの刷り込みの例で示されるように，動物行動の多くは遺伝要因の解発によることが多い。このことは，人間の場合の誕生後の「学習」がかなりの役割を担っていることと比較すると，大きな相違点である。

2.3 人間と生育環境

先生　「君たちは,「アヴェロンの野生児」というのを聞いたことがあるかい。」

A君, B君　「「野生児」というのは聞き慣れない言葉ですね。」

先生　「「アヴェロンの野生児」を研究したイタール (Itard, J.) という医者は「真裸で, 木の実や根を食物としていた11, 2歳の少年が数年前コーヌの森で見出されたことがあった。」「この少年が1879年の9月も終ろうとする頃, 遂に捕えられて, 近くの村へ連れて行かれた。そこで1人の女性に世話されることになったが, 1週間と経たぬ間に脱走し, 少年がかつて, ぼろシャツで身をかくすというよりは, ただ何かをまとって, きびしい寒空にさまよいあるいていた山間へと帰っていった。そして, 夜は人気の無い所にひそみ, 昼間になると近隣の村に出かけ, 民家などに気の向くままに侵入」した, と記述している。」

A君　「まさに正常でない状況で成長した子どもなんですね。」

先生　「今述べたのは, フランスのアヴェロンの森で発見された「野生児」（ヴィクトール）の記録の冒頭の部分だ。彼は発見されたころは推定11, 2歳であったらしいんだけど, どうも4, 5歳のころ森の中に捨てられたようで, それ以降は1人で生活してきたらしい。このようなか弱い児童が1人で森の中で生きるということは, おおよそ考えられないことではあるのだけれど, このような異常な状況下で成長した子どもは「野生児」とよばれるね。」

B君　「このような野生児のケースは世界に数多くあるのでしょうか。全くかわいそうです。新聞などで児童の虐待の記事が出るごとに泣けてきますが, これも本当にかわいそうで泣けてきます。」

先生　「この例の他にも, インドなどに若干のケースがあったことが報告されているよ。」

A君　「アヴェロンの野生児はその後どうなったのでしょうか。」

先生　「まず, 感覚機能は退化してしまい, ある種の家畜にも劣るようになってしまっていたこと。眼には落ち着きがみられず, 何かを注視することもなかったこと。声は, ただうなり声を発するだけであったこと。嗅覚も全く原始的な状態であり, ベッドいっぱいにつけた汚物による悪臭に対しても平気であったこと。さらに, 知能について調べると注意集中ができないために, また記憶

力や判断力などがないために，全くないに等しかったことなど。彼が発見された時，このような状態であったために，このアヴェロンの野生児にその後様々な教育をおこなってみたけれど，彼の精神の発達は非常に大変であった，とされている。」

A君　「そのような，いわば精神の未発達の段階であったということは理解できます。教育や指導が関わっていないんですから。」

先生　「うん。親に捨てられて，そのために社会からかけ離れて大きくなった野生児は発見され，文明社会の教育をうけた。しかし，周囲の人たちの努力にもかかわらず，依然として彼は言語の獲得をはじめとして，社会で必要な生活様式を獲得することがきわめて困難だった。先ほどの「初期学習」で示したように，乳幼児の時代の保育・教育は本当に大切だし，それ以降の教育も，さらに大切なんだ。」

(1) アヴェロンの野生児

アヴェロンの野生児は4,5歳のころ，何らかの理由のために親に捨てられ，それ以後11, 2歳で発見されるまでのおおよそ7, 8年間，1人で森の奥深いところで生きてきたと推察される。そのような幼児が1人で生きていくことは，本当に大変なことであり，われわれが想像する以上の困難なことがあったと思われる。だから，彼はおそらく捨てられるまでの4,5歳ころまでに親から学んだ社会生活のために必要な諸々の知識は役に立たないか，使用しないために消失してしまい，かわって，それとは全く別の生きるための生活様式，あるいは生存の知恵が身についてしまった。それは彼が野生の中で生きのびるために必然的なことであり，生活の知恵でもあった。だから，彼は捕らえられて，文明社会の教育をうけるようになっても，木の実，じゃがいもなど生のまま好んで食べるし，また非常にきびしい監視下にもかかわらず，うまく脱走できたりしている。まさに，その動作は動物的であった。例えば，彼は手に何か，例えばクルミの実などを数多く入れた器を持って非常に速く走っても，1つも落したりしなかったし，手に持ったものをガタガタさせずに，速く走る自分の身体のリズムにそれを合わせる技術をもっていた。おそらく，ある種の運動能力は動物なみに発達していたと思われる。

(2) 発達についての示唆

　この野生児の例は，われわれ人間の発達について考えるときに，数多くのことを教えてくれる。例えば，われわれは誕生後から，あるいは誕生前から，親や周囲の人たちから様々な教育をうけ，この社会で生きていく様式を学習していくこと。それも生活の場面が相違すると，その発達の様式も変わること。身体機能といっても，それは社会環境とは全く独立に発達するものではないこと。また，11，2歳ごろまで全く孤独で森の中に生活していて，発見されて，それではと，この文明の中で生きる方法を学習しようとしても，すでにそれまでの生活様式に合わせて身体機能が発達し，固定してしまっているために，なかなかそのことは困難であること。身体各部の発達については，すでに第1節でスカモンの成長曲線に示してある通りであるが，11，2歳の段階はもうかなり成長のすんでしまった段階でもある。また，発達には「レディネス」(readiness) があることもいわれている。レディネスとは，あることを学習できる準備体制のことであるが，この段階ではすでにその時期も過ぎ去ってしまっていることになる。

　医師イタールは，このような野生児に文明社会の中で生きていけるようにと，つききりで教育をほどこした。イタールは，他の人たちが，おそらく徒労に終わると考えていた野生児教育を情熱的に，計画的におこなった。イタールが，金属製の文字を組み合わせたり，単語カードを組み合わせて文章を構成する方法で教えたところ，文を理解し，構成できるようなったこと，そして，彼の文字学習の進歩はかなり急速であったことを報告している。彼は知っている単語の模写はできたし，記憶のみで再生することもできた。しかし，話し言葉については，イタールの5年間におよぶ指導にもかかわらず無理で，最後には彼はあきらめている。

　イタールがこの野生児を指導してわかったことは，
(1) 言語の獲得ははとんどできなかったこと。
(2) 知的能力も，野生の中で1人で生きてきたため，その発達はきわめて困難であったこと。
(3) 利己心が常に先に立っていたこと。
などである。

この野生児の例は，発達におよぼす「初期経験」がどれほど大切であるかを示すものでもある。ローレンツの「刷り込み」の研究は，発達での決定的な時期があることを教えてくれたものであったが，人間の場合，出生直後から数年間の学習はきわめて重要である。それは神経系が情報を取り込む柔軟さとも関連している。つまり，われわれは若ければ若いほど，脳はいろいろなものを取り込むことができる。しかし，それも加齢とともに柔軟さが欠けてくる。また，われわれ人間の場合，いったん確立した生活様式，例えば，アヴェロンの野生児の森の中での生活様式を，ただちに他の様式にとりかえる，というような器用さもない。だから，野生児の例はあらためて，人間の場合の幼児教育の重要さ，それに生育環境の意義を認識させてくれるものであった。

　このような事例は1つアヴェロンの野生児のみではない。ジング（Zingg, R.M.）によると，野生児には2つのタイプがある。1つは，このアヴェロンの野生児のように，誕生後何らかの理由で捨てられ，山や森の中で奥深く孤独に生活し，大きくなった例であり，もう1つは，誕生後，動物，その多くは狼によって連れ去られ，そのまま狼によって育てられた例である。この後者の例は，とくにインドにおいて多く発見されている。これはインドでは宗教上の理由から狼を殺さないこと，そのために毎年数百人もの子どもが狼に連れ去られていることによる，とされる。そして，その中ではジング牧師夫妻によって育てられたカマラとアマラの2人の子どもの例が有名である。ジングはこれら野生児の例から，「人間にとって最初の数か年が決定的な重要性を持つことを立証している」と述べている。

先生　「ある人間と他の人間との間に形成される愛情の絆，例えば，母親と子ども間の絆，をアタッチメント（愛着）とよんでいるね。この絆によって，子どもの心身の発達は進んでいく。このことは，皆さんもかつては子どもであったわけだし，よく理解していることだよね。」

A君　「この愛着の形成が不十分であるとどういうことになるんでしょうか。」

先生　「それは，子どもたちの成長の上に，身体的にも，また心理的にも，様々な影を落とすということになるね。野生児はアタッチメントの点からみて

も問題であった，といえるだろう。」
　A君　「人の発達の過程にはいろいろな働きかけがあって，それが心や身体の形成に関わるわけですね。」
　先生　「そういうことだね。サルについて調べたハーロウ（Harlow, H.F.）の研究を示そう。これも有名な研究だよ。ハーロウは赤ん坊のサルを親ザルから隔離して，a) 布製の母親ザルの模型と，b) 布がまいていない針金製の母親ザルの模型の置いてある部屋に入れた。そして，①布製の模型からは授乳がうけられるが，針金製の模型からはうけられないグループと，②針金製の模型からは授乳をうけられるが，布製の模型からは授乳をうけられないグループの2群をつくって，両グループ間の行動の相違について調べてみたんだ。そうすると，空腹になったりすると，各グループのサルはそれぞれ，自分が条件づけられた模型のサルから授乳をうけた。だけど，針金製模型から授乳をうけた子ザルは，その針金製模型と接する時間は少なく，ミルクはくれないが布製である方の模型の方と接する時間が多かったんだよ。」
　A君　「布製の方にしがみつくんですね。」
　先生　「子どもが母親を追い求めるのが，単にミルクを「くれる」「くれない」ということに関連したものではなくて，「あたたかさ」とか，「ぬくもり」とかといった要因も加わって満たされていく，ということなのかな。母親がそばにいるということのみで心が満たされることもあるよね。」
　A君　「そのことはよくわかります。」

(3) 野生児
　誕生後何らかの理由で捨てられた後，全く孤独に，山や森の中で生活して大きくなった人間。親の養育，社会的接触，教育をうけていないため，心身の発達にあらゆる点でゆがみがあり，とくに言葉の使用はいかに教育してもほとんど不可能であった。

(4) レディネス（readiness）
　あることが学習できるように個体に準備体制が整うこと。この準備ができて始めて十分な教育ができるという考え。この考えは，ともすれば「成熟」に力

点がおかれ，いわゆる「準備待ちの教育」といわれる，消極的な教育説のもととなった。現在ではこのレディネス理論にもとづく教育説を強く主張する人はいないが，この事例で示したアヴェロンの野生児のように，教育や文化の影響を発達の初期の段階でうけないと，つまり，レディネスが過ぎてしまうと，もはや教育をうけても，なかなか進展しない。だから，レディネスを把握し，的確な教育をすることはきわめて大切なことである。

(5) アタッチメント（愛着）

ある人間と他の人間との間に形成される愛情の絆，例えば，母親と子ども間，をアタッチメント（愛着）とよんでいる。この絆によって，子どもの心身の発達は進んでいく。この愛着の形成が不十分であると，子どもたちの成長過程上に，身体的にも，また心理的にも，様々な濃い影を落とすことになる。

(6) 8ヶ月不安

もちろん，人間の子どもについても，母親がいるときの行動といないときの行動を観察して，サルと同様のことがわかっている。母親がいないと乳児は泣き叫び，必死で母親の姿を探しまくる姿は子どもを持った親ならば，よく知っていることである。それをスピッツ（Spitz, R.A.）は8ヶ月ぐらいの子どもにとくに顕著なために「8ヶ月不安」とよんでいる。

2.4　知的能力

知的能力（知能）とは，情報を認知して，思考し，処理する能力のことである。ウェクスラー（Wechsler, 1943）は，「知能とは，目的的に活動し，合理的に思考し，その環境を能率的に処理する，個人の総合的・全体的な能力である」と定義している。この知的能力には個人差があり，また，遺伝要因や環境要因が影響を与えるといわれている。

先生　「人間には大きく分けると2つの能力がある。1つは，「身体的能力」，もう1つは「知的能力」だね。」

A君　「そのことはわかります。もちろん，どちらも大切な能力ですよね。」

先生　「それら2つの能力が人間の，いわば「力」を形成しているんだ。もちろん，それらの2つの能力は，それぞれまた多様な下位能力を持っているわけだよ。」

A君　「そうなんですね。人間の「力」というのは，身体的能力と知的能力との合算なわけですね。」

先生　「そうなんだ。ところで，そのうちの知的能力についてだけど，古くから哲学での中心的な論議の1つでもあったんだね。アリストテレスは，この能力を「dianoesis」，つまるところ，「感覚を超えた認識」であると定義している。いわば認識力なんだね。そして，彼はこの知的能力に「個人差」がある，ということも認めているんだ。」

A君　「「知的能力」を「知能」という言葉で最初に記述したのもアリストテレスでしょうか。」

先生　「それは，もっと後世のイギリスの哲学者スペンサー（Spencer, H.）なんだね。それは，人間の能力について興味・関心が持たれるようになって，科学的に探査されるようになった19世紀なかばのことだよ。」

A君　「かなり近代になりますね。」

先生　「そして，知能を体系的に測定できる最初の検査，つまり「知能検査」を作製したのは，フランスのビネー（Binet, A.）とシモン（Simon, T.）の2人だ。画期的なことだよね。人間の能力を客観的に測定できるようにしたんだから。それは1905年のことだよ。」

A君　「ここでも，先生に教えていただいた「心理学の長い過去と短い歴史」を感じます。」

先生　「その通り。心理学はその深化の歩みがかなり遅いんだよ。なかなか「科学的に考える」ということが認知されない研究分野ではあるよね。」

A君　「心の内面は他人にはなかなか理解できないところですよね。」

先生　「そう。そのことも足枷となっているね。」

ところで，われわれがいう「知能」というのは，かなり包括的なものである。どこに焦点をあてるかによって定義も異なってくる。したがって，様々な定義がある。心理学の中でも，知能は統一した定義をおくのがきわめて困難な事項

の1つである。それらを分類すると，
(1) 抽象的思考能力など，いわゆる高等精神能力とするもの
(2) 学習しうる能力とするもの
(3) 新しい場面への適応能力とするもの

の3つの立場に分類できる。上述のウェクスラーの定義は，上述の3つの立場を包括したもので，一応まとまった定義と考えられている。

(1) 知能の個人差

さて，この知的能力の個人差，つまり，「知能」の形成について考えてみると，2つの観点がある。それは古くからの論争の的であったが，1つは「遺伝要因」の重視の立場であり，もう1つは「環境要因」の重視の立場である。諺にも，「カエルの子はカエル」というのと，「トンビがタカを産む」という2通りの表現の仕方がある。

それでは，知能は一体遺伝の影響をどの程度うけ，また環境の影響をどの程度うけて形成されてくるものなのであろうか。これについては，しかしながら，定説はないし，はっきりと「こうだ」といえるものはない。心理統計学者であり，知能検査の研究でも有名なピアソン（Pearson, K.）は，知能について「環境の影響は遺伝の5分の1以上はみられない」といっている。これは極端な主張であるかもしれない。これほど極端な主張ではないが，知能についての論争で有名なカミン（Kamin, 1974）も「知能が遺伝によって決定されることはまったくない，という主張は強過ぎるし，科学的には意味がない言い分である」といっている。ただ，知能は遺伝要因か，または環境要因かのどちらかのみで決定されるものではなく，遺伝も，環境もと考えるほうが妥当な考え方ではないだろうか。すでに述べた「アヴェロンの野生児」の場合のように，「初期経験」がゆがんだものであると，後の知的能力の発達も期待できない。環境刺激を剥奪したり，逆に豊かにしたりした場合を設定して，その効果をみる研究が動物について数多くなされてきた。その中では，ヘッブ（Hebb, D. O.）のチンパンジーについての実験が有名である。

(2) ヘッブの研究

彼は，チンパンジーを生後16ヶ月まで暗室で育てた。そうすると，視覚機能が発達せず，結局，そのチンパンジーは視覚を喪失した。これは，直接には知能についての研究ではないが，このように環境刺激が剥奪された場合に，知能の発達がゆがむということを想像することは難しいことではなかろう。つまり，このように，人間の，あるいは生物体に働きかける環境によっても，知的能力は影響をうける。結局，不利な環境下では知的能力は劣ってくる，ということになるであろう。

塩見らも地域の異なるA，B，Cの3校で知能についての実態調査をおこなってみて，おおよそ次のようなことがわかった（塩見・滝田，1978）。A校は山村部にある。この学校の児童の場合，親たちは山や田へと仕事にでかけて多忙であり，児童は年寄りたちにまかせられているか，それとも放任の状態である

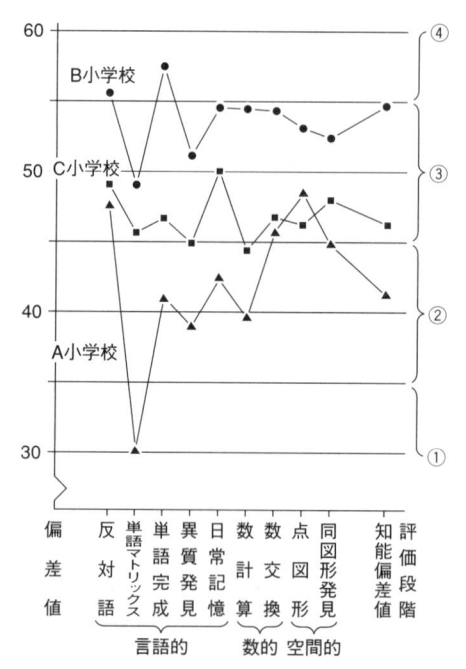

図1-9 農山村部（A），市部（B），それに中間地域にある小学校（C）の6年生児童の知能得点

家庭が多い。それに合わせて，児童のテレビを見る時間がきわめて長い。このA校地域では，親たちは仕事に追われているのと，教育そのものへの関心が都市部の人たちよりも少し弱いように思われた。B校は市部にある。ここの児童の大半は，習い事とか，塾へかよっており，教育への指向性が高かった。もともと，調査したこの県は工場などの数が少なく，冬は気候が厳しい。県民所得は，全国レベルと比較して高くはない。「子どもたちに残してやれるのは教育のみしかない」というのが，この県の親たちの大勢の考えであるが，そのことを一番はっきりと主張しているのがこのB校の親たちである。そして，C校は，A校とB校の中間にある。児童のおかれている状況はA校の場合と若干似かよっており，帰宅した後は，やはりテレビを見る時間が長かった。しかし，この地域は市部により近い関係上，親たちの教育とか文化への関心度は，A校の場合よりもかなり強くあった。

以上がA，B，C3校の児童の環境的背景であるが，知能検査の結果，B校が一番高かった。次いでC校で，A校が一番低かった。A校の場合，とくに「言語」に関する検査が弱い（図1-9）。「言語」能力は，他人との言葉のやりとりから形成されてくるものであり，言葉のキャッチボールをおこなう環境が必要である。

(3) 知能検査

フランスのビネーとシモンによって，1905年に作製されたのが，その始まりである。この検査は，困難度の異なる30の課題から構成されていた。そして，1911年には，3歳児用から成人用までの54の課題からなる検査が発表された。わが国では，このビネーの検査は1908年に三宅鑛一らによって紹介されている。ビネーの検査は，いわゆる個人式であるが，第一次大戦以後，集団式も開発された。この集団式の開発によって，知能検査の研究はさらに進むことになった。

(4) 知能構造

知能がいかなる構造から成立しているかについては，いろいろな説がある。スピアマン（Spearman, C.）は，知能はあらゆる知的機能に共通して作用する

「一般因子」と，相互に関係の少ない「特殊因子」から成る，と考えた。これは「二因子説」とよばれる。サーストン（Thurstone, L.L.）は，7つの因子，つまり，数量（N），知覚（P），空間（S），言語（V），記憶（M），推理（I），語の流暢さ（W），から成る，と考えた。さらに，ギルフォード（Guilford, J.P.）は，いかなる知的操作をおこなうかということ（操作），またその操作によって処理される入力情報の種類（種類），そしてその情報の伝えるもの（所産），の3つの次元からなる知能の構造モデルを考えている（図1-10）。

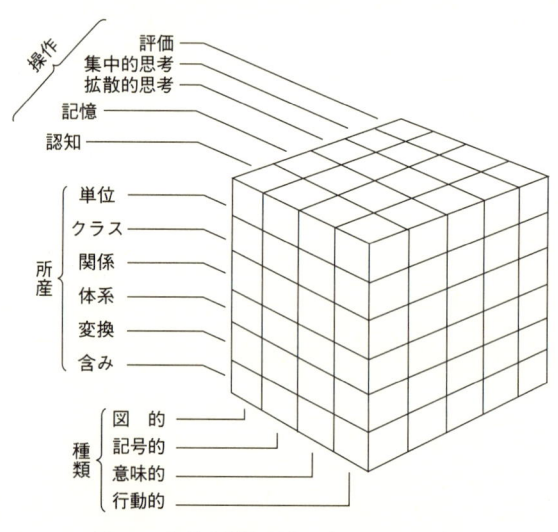

図1-10　知能の構造モデル（Guilford, 1967）

操作：評価／集中的思考／拡散的思考／記憶／認知
所産：単位／クラス／関係／体系／変換／含み
種類：図的／記号的／意味的／行動的

(5) 創造性

知能検査は，知的活動のためのいくつかの課題に対しての反応の個人差をみたものであり，その反応様式は「集中的思考」によるものとされている。これに対して，新しいアイデアとか，新しい所産をつくり出す思考は「創造性」とよばれる。これは「拡散的思考」によるものとされる。最近では，知能は大切であるが，この創造性も同様に大切である，という指摘がなされてきている。ワラックとコーガン（Wallach & Kogan, 1965）によると，知能検査と創造性検査の結果との間には低い相関関係しかない，とされる。創造性とは新しいも

のをつくり出す能力のことであり，知能検査が測定しているような，1つのみの解答を引き出していく能力とは別個なものと考えられるので，知能との間の低い相関関係は理解できる。これからは，この創造性を守り，育てるような教育的配慮をおこなうことが強く要求されるようになろう。

第3節　発達の原理の理解

3.1　個性化と社会化

　パーソナリティの発達には，大きく分けて2つの側面がある。その1つの側面は，「個性化」であり，またもう1つの側面は「社会化」である。個性化というのは，子どもが成長していくにつれて，彼独自のパーソナリティを形成していくことをいい，社会化というのは，社会にある様々な規則や行動様式などを知り，それを受容して，それに自分の行動を合わせるようにするプロセスである。

　「個性化」とか「社会化」には，親たちを代表とする身近な人たちや教師たちの指導，いわばひろい意味での教育の働きかけが作用していることがはっきりとしている。子どもの発達は，まず身近にいる親の行動の「模倣」から出発するといわれる。親は，いうまでもなく，子どもが学ぶ対象とする最初の人たちである。だから，親子関係が基盤となって，子どもの個性化や社会化は進行していくということになる。そして，この個性化や社会化は「自立心」や，自我の芽ばえとも関連している。子どもが2歳を過ぎるころになると，それまで完全に親に依存していた子どもが，「自分で（するよ）」とか「自分でできるよ」といって，自分がしている課題（遊び）を親が手助けするのを拒否し，自力でやりとげようとする。そして，その課題（遊び）がうまくいったり，また親がほめてあげたりすると，得意満面な顔をする。これは，まさに子どもの「自立心」「羽ばたき」の萌芽にほかならない。こうした「自立心」を上手に，そして大切に育てていくことは重要である。それは個性化の形成を援助することになるし，自己の確立につながっていく。そのことはより良い「自己イメージ」の形成となる。

先生　「パーソナリティの形成過程の問題だけど,これも重要な問題だね。形成過程には,「個性化」と「社会化」という2つの側面があるんだよ。」
　A君　「「個性化」というのは何かというと,それは独自性ですよね。そして,「社会化」というのは社会に合わせる,というか他の人たちに合わせることですよね。」
　先生　「そうだね。自分自身の方法や道を進むということと,他人に合わせるということは,方向が相反する行動だけど,それらを確立していかなければならないということだね。そして,「個性化」というのは,「自己決定力」のことでもあるよね。」
　A君　「「個性化」と「社会化」は別々の過程ですよね。」
　先生　「基本的にはそうだね。「個性化」と「社会化」は,独立した別々の過程なんだよ。ただ,「個性化」と「社会化」というのは,別個の機能としての部分,つながっていて個性化と社会化の両方に機能している部分,という2つの部分があるんだ。後者は,「個性化」と「社会化」の両方に関わる「共通要因」とよんでいいだろうね。」
　A君　「それらは自然に形成されていくんですか。」
　先生　「人間の心理の形成に「自然に」というのはないんだよ。心理の形成は,何らかの機能によって何らかのものを「取り入れ」ることによっておこなわれるんだ。」
　A君　「「個性化」や「社会化」はどんな機能によるのでしょうか。」
　先生　「代表は「模倣」だろうね。」

(1) モデリング,模倣

　パーソナリティを発達させていく心理的な働きとして,「模倣」がある。模倣は,子どもの「個性化」や「社会化」にとっては,重要な機能を持っている。また,仲間を通した「遊び」も重要な機能を持っている。遊びを通して,子どもたちは成長していくともいえる。
　まず模倣について。『対話で学ぶ心理学』でも述べたように,人間の知恵の1つは他人との比較である。比較によって,自分を他人と同じレベルに上げることができるし,下げることもできる。比較は模倣につながる。だから,人間

の学習は，他人の行動の模倣から成立している面が多い。そして，それは他人の行動観察ばかりでなく，他人の体験を聞いたりすることによってのみでも成り立つ。このことを研究したバンデューラ（Bandura, A.）は，このような学習を「モデリング」（modeling）とよんだ。つまり，人間は，モデルとなる人の行動を観察して，モデルの行動をうまく自分のものとして取り入れて獲得することができるのである。

バンデューラは，それについて次のような実験をおこなった。就学前の幼児に，大人（モデルとなる）が人形に対して，乱暴な言葉をあびせながら，木づちでたたいたり，投げ飛ばしたりするのを見せた。そして，その後，幼児にその部屋で遊ばせた。すると，大人の攻撃的な行動を観察した幼児は，そのようなモデルを見せなかった幼児と比較して，とくに攻撃的行動が多かった。アメリカでは，テレビに攻撃的なシーンが多すぎることが指摘されている。

モデリング行動は，とくに幼児と大人との関係が，親子とか，教師と生徒とかのように密接である場合は，成立しやすい。幼児期においては，子どもは親の行動を，親が思っている以上に見て，取り入れているものである。モデリング行動は，個性化や社会化のプロセスにおいて，強く作用する。

(2) 遊び

子どもは仲間との遊びを通しても個性化や社会化を進めていく。それは遊びの中に，1つには前述のモデリングの機能が，そしてもう1つには様々なルールが介在するためである。ルールに関して述べれば，仲間集団のルールに従わなければ，もう次から遊んでもらえない。このルールの理解は，社会化の1つのプロセスである。

遊びを発達的に検討すると，最初の仲間は近所の子どもたちで構成される。そして，児童期になると，クラスや学校内の仲間集団へと発展していく。その中でも，児童期中期から後期にかけての友人の集団は，そのつながりがきわめて強い。そのグループは，その中にリーダーが存在し，何をするにしても徒党を組んで行動する。そのために，この時代の仲間たちは「ギャング」とよばれ，その年代は，とくに「ギャング・エイジ」とよばれることがある。

(3) 個性化 (individualization)

人間1人ひとりが個性を持ち，文字通り1人の人間，独自の人格を持った人として成長していくプロセスのこと。

(4) 社会化 (socialization)

社会の1人として，社会規範をうけ入れて，他の人びとを認めるようになるプロセスのこと。それはある面では，自己の抑制であり，また別のいい方をすると，他の人びとに思いやる心を持つようになる（愛他心）ことである。

個性化も社会化も，その確立の過程において，「社会・文化的環境条件」が作用している。

(5) 個性化と社会化の相互作用

個性化と社会化とは全く別別の作用のように考えられるかもしれないが，個性化といっても，それが社会の中でおこなわれていくものである以上は，社会化とは全くかけ離れた別個の個性が形成されていくのではない。個性化と社会化はパーソナリティの発達の中では，ともに関連し合って，形成されていくものである。このことは，われわれの研究室での研究から示されることでもある（塩見, 2001）。つまり，われわれの研究によると，個性化と社会化は因子分析によって，それぞれ別個の軸にあるものとして同定できた。ただ，個性化と社

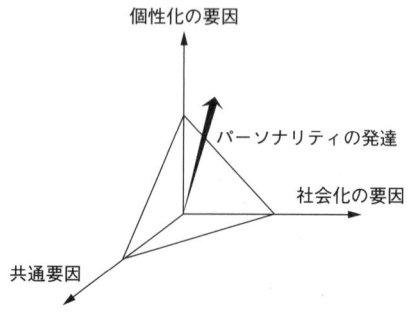

図1-11 「個性化」と「社会化」を軸にしたパーソナリティ発達の模式図
3つの軸があり，それらの力を合成したものとして，パーソナリティの発達がある。

会化の他に第3の軸として「共通要因の因子」が確認された。それは，個性化と社会化がともに関わる因子のことである（図1-11）。

　個性化と社会化との進む方向は相違している，しかし，個性化ができている子どもは社会化も形成されている。このように考えると，個性化と社会化は，子どものパーソナリティの発達の中でともに大切なプロセスである。個性化か，それとも社会化か，ということにはならないのである。そして，個性化，社会化に影響を与えるものとして，生後の母親や父親の養育態度，環境などがある。

(6)「自己イメージ」の発達

　幼稚園の年少クラスの4歳ぐらいの子どもは，例えば「哲君というのはだれかな？」と聞くと，「ぼく」（といって自分を指さす）「それじゃ，どんな子かな？」と聞くと「わからない」と答える。

　それが6歳ぐらいになると，同じような問答の後，「パパやママによく怒られる子」とかより具体的な答え方をする。次に，11歳11，2ヶ月の小学6年生の子どもに，同様に聞いてみると，「（はにかみながら）ふつうの子」「それから？」「ええっと。がんばる子かな」と答える。11，2歳児ぐらいになると，自分を友達と比較すること，そして彼らとそんなにはずれてはいない，という判断意識がでてきている。「自己イメージ」は個性化と関連しており，その発達は，もちろん知的能力の発達とも関連しているが，それは社会化とも関連しており，両者は相つながっていることがはっきりとしてくる。

3.2　人生発達心理学

　発達について考える時に，もう1つの大切な軸がある。それは成年以降の発達についてであるが，われわれの大幅な生存年齢の延長もあり，今後精力的に研究されなければならない領域である。それは，「エイジング（あるいは，加齢；aging）による変化」についてである。年齢を重ねるごとに人は人生の重みを獲得していき，それはあたかも「社会的な生きる知恵」みたいである。それは本能の開発によるものではない。知識や術の獲得によるものであり，「知恵」というべきものである。

「人生わずか50年」と叫んだ信長の時代は,はるか昔のことである。世界最高齢とされていた日本人女性で鹿児島県徳之島伊仙町生まれの本郷かまとさんは1887年生まれで,116歳まで生きた(2003年逝去)。日本人の平均余命は世界で最も長いうちに入る。

先生　「「エイジング」というのは,私は「人生発達心理学」(life-span developmental psychology)といってもいいと思うんだけれど,それは,「胎児期・乳児期」に研究が向かうのと同じで,行動や発達についての研究の新しい極への方向づけなんだ。「発達」というものは,「受精」(fertilization)から始まって,死で終わるまでの人間の一生涯すべてのプロセスのものである,という考えをその基礎にしている。したがって,この方向づけによると,成人の身体的,そして心理的事象についても,従来よりもはっきりした問題意識や関心を持って研究することになるよね。そうすると,発達心理学はこれまでのように「少年期」とか「青年期」までで幕を引いてしまうのではなく,もっと発達軸を両方に延ばして,それにともなう領域のひろがりを考えることになるんだよ。」

A君　「人間の一生涯は,どこの時点においても同じようにかけがえのない時間,時期であるのですから,先生の言われたような考え方はすごく当然なものといえますね。」

先生　「人間の初期の段階の発達が大切であることは至極当然だね。ここを間違えると,これまでに指し示したように,発達のルートを通過していくことはなかなか困難だ。しかしながら,人生はどこの時期をとっても大切なものであって,どこが不必要とか,どこが意味がないとかいうことはいえないわけだよ。」

A君　「「胎児期・乳児期」は,脳の発達とか認知構造の発達とかに関わって,まわりの人たちのケアの仕方などが大切である,ということはわかります。一方,成人以降については,人生経験の豊富な人たちが示す生き様などが示されると,若い人たちには示唆があるわけですよね。」

先生　「発達に関わる問題には,その他大事な事柄として,発達のルートからの逸脱のこともある。それは,発達障害に関わることなんだけど,逸脱した

人たちへの支援のこともあるんだね。」

A君　「はい。」

先生　「そして，成人以降の人たちへの支援として，人生を力強く生きた人の生き様を記述することも有効だと思うんだよ。その心理学は「人性心理学」とよばれているけど，それはそれを記述した人にとっても，またそれを読む人にとっても有効であると思うんだね。」

(1) 人生発達心理学（エイジング）の研究

　エイジングについての研究は，最近では数多く発表されてきている。Binstock & Shanas (1976), Birren & Schaie (1976), Baltes (1978), Morgan & Oppenheimer (1981), Honzik (1984) などの研究から始まる数多くの研究がその一例である。

　発達心理学のこの領域は，人間の発達を「胎児期・乳幼児期」や「少年期」，あるいは「青年期」までのみを考えるのではなくて，エイジング，あるいは加齢していく人間，つまり人生全体という観点から発達を検討していく。

　ところで，バルテス (Baltes, 1980) が述べるように，「エイジング」，あるいは「人生発達心理学」（life-span developmental psychology）というのは，理論ではない。それは，行動や発達についての研究の視点を位置づけるものである。この「方向づけ」には，「発達」というものが「受精」(fertilization) から始まって，死で終わる一生涯のプロセスのものである，という考えがその基礎になっている。したがって，この方向づけによると，成人の身体的，そして心理的事象についても，従来よりもはっきりした問題意識や関心を持って研究することになる傾向を持ってくる。そうすると，発達心理学はこれまでのように「少年期」とか「青年期」までのみを考えるということではなく，もっと幅ひろい発達軸とそれにともなう領域のひろがりを持ったものとして考えられるべきである，ということになろう。人間の一生涯は，どこの時点においても同じようにかけがえのない大切なものであるからには，このような人生すべてを軸として考えていくことは，けだし，当然なものといえるだろう。最近の脳生理学の研究では，成人以降の脳細胞も再生する，といわれている。

　一生涯発達心理学による研究法もそのもとをたどると，古くから考えられて

いたようである。人間の一生涯という考え方にそって発達を科学的に研究し始めた人はベルギーの統計学者ケトレー（Quetlet, A.）による『人間とその諸能力の発達とについて，若しくは社会物理論』（Sur l'homme et le developpement de ses facultes, ou essai de physique sociale）（1835）である。彼は，その本の中で，身長や体重の年齢の変化を80歳や90歳の人たちについても調べて，表を提示している。つまり，彼は，年齢を1つの基本軸（あるいは，独立変数）にして，観察や実験で得た測定値を従属変数にして，測定したものの年齢的変化を同定しようとした。もとより，このようなことをおこなうためには，寿命の延び，つまり，年齢軸のひろがりがあることが条件となってくる。ケトレーの場合のサンプルでの高齢者数は多くはない。したがって，実際には，人間の一生涯という観点による研究法が重要視され出したのは，それほど古いことではなく，人間の寿命が著しく延びた第二次大戦後のことなのである。

エイジングともよび，あるいは一生涯発達心理学ともよぶ研究の特長としてまとめると，

(1) 人間の一生涯の変化プロセスそのものこそ「発達」とよぶべきものであること。つまり，発達を「一生涯」という人生の長い道標から検討できること。従来，発達心理学では，前進的変化をその対象としてきたが，それだけでは「せますぎる」こと。

(2) この上述の(1)の考えには，発達は乳幼児期を中心として，青年期までに終了してしまうものなのではないこと。青年期以降も重要な変化はあるのであり，エイジングの考え方によって，それらを見すごすことがなくなること。もちろん，そのような変化を把握するのに，従来の発達心理学の考え方と同様に，比較基準が必要なことはいうまでもない。

(3) 上述の(2)と関連することであるが，人間の能力の発達的変化として，人生後半期にいたって，かえってそのピークにいたるものがあること。例えば，判断力，パーソナリティの成熟，生活のための知恵など。また，最近の脳科学の研究によると，成人した後も脳神経細胞網はひろがるということが示されている。

第 1 章のキーワード

初期学習，定巣性，離巣性，発達加速現象，発達勾配，刷り込み現象，比較行動学，野生児，アタッチメント，レディネス，知能，創造性，個性化，社会化，モデリング，自己イメージ，人生心理学

◇さらに深く勉強するためのキーワード

サルベージ，遺伝と環境，自己，愛他心，個性化と社会化，人性心理学

【参考文献】

足立明久・塩見邦雄（編著） 1985 事例で学ぶ心理学－その理論と応用 勁草書房
Bandura, A. 1977 *Social learning theory*. Prentice-Hall,Inc.（原野広太郎監訳 1979 社会的学習理論 金子書房）
Guilford, J.P. 1967 *The nature of human intelligence*. McGraw-Hill.
Harlow, H.F. 1971 *Learning to love*. Albion Publishing Co.（浜田寿美男訳 1978 愛のなりたち ミネルヴァ書房）
Harlow, H.F.,& Zimmerman, R.R. 1959 Affectional responses in the infant monkey. *Science*, **130**, 431-432.
Hess, E.H. 1958 Imprinting in animals. *Seientific Monthly*, March, 81-90.
Itard, J. Marc-Gaspard 1894 *Rapports et memoires sur le sauvage de l'Aveyron*.（古武弥生訳 1971 アヴェロンの野生児 牧書店）
Kamin, L.J. 1974 *The science and politics of IQ*. John Wiley.（岩井勇児訳 1977 IQ の科学と政治 黎明書房）
Lane, H. 1976 *The wild body of Aveyron*. Harvard University Press.（中野善達訳編 1980 アヴェロンの野生児 福村出版）
Lorenz, K. 1970 *Studies in animal and human behavior* Ⅰ. Methuen.
Lorenz, K. 1971 *Studies in animal and human behavior* Ⅱ. Methuen.
文部科学省 2003 学絞保健統計調査報告書 財務省印刷局
Portmann, A. 1951 *Biologische Fragmente zu einer Lehre vom Menschen*.（高木正孝訳 1961 人間はどこまで動物か 岩波書店）
Scammon, R.E. 1930 The measurement of the body in childhood. In Harris, J.A., Jackson, C.M., Paterson, D.G., & Scammon, R.E. *The measurement of man*. University of Minnesota Press.
塩見邦雄・滝田 修 1978 知能と地域社会—京大 NX 知能検査の言語因子得点からの考察 教育心理, **26**(4), 44-48.
塩見邦雄・金光義弘・足立明久（編） 1982 心理検査・測定ガイドブック ナカニシヤ出版
塩見邦雄（編） 1984 教育心理学 ナカニシヤ出版

塩見邦雄(編)　1986　発達心理学総論　ナカニシヤ出版
塩見邦雄　2001　教育発達人間学　筧田知義・尾崎ムゲン・若原道昭　教育の原理と課題　昭和堂
Spitz, R.A.　1950　Anxiety in infancy : A study of its manifestations in the first year of life. *Intenational Journal of Psycho-Analysis*, **31**, 138-143.
Wechsler, D.　1943　The non-intellective factors in general intelligence. *Journal of Abnormal Pcychology*, **38**, 100-104.
Zingg, R.M.　1942　*Feral man and cases of extreme isolation of individuals.*（中野善達・福田廣訳　1978　野生児の世界―35例の検討　福村出版）

第Ⅱ部

発達の諸相

第2章

保育園・幼稚園時代

　保育園・幼稚園時代は，乳幼児期（0～6歳）にあたる。近年の心理学や神経科学の諸知見は，親の子育てのあり方を根本的に問いなおすとともに，それを支援する保育園や幼稚園の専門性豊かなネットワークづくりの必要性に警鐘を鳴らしている。

第1節　身体的生物学的発達

1.1　乳児の脳とその発達

　A君　「身体各部分の成長曲線をみると，脳神経系は乳幼児期に成熟時のほぼ90%まで成長することが示されています（Scammon, 1930）。遺伝と環境要因からも，どのように乳児の脳が発達していくのか，その特徴を知りたいんですが。」

　先生　「脳の機能は，例えば目から送られる情報の処理は後頭葉にある視覚野で，喜びや悲しみの情動性や社会性は前頭葉で発達するというように，それぞれの部位で異なっているんだ（大岸, 2003）。ドーソン（Dawson et al.,1992）によると，それぞれの脳の部位は，乳児の経験する世界によって，そのニューロンの配線パターンを発達させ，思考や感情，身体的な運動を促すためのシナプスを形成していくという。しかもその配線パターンは，その後に変えようとしてもとても難しいといわれているね。ドーソンは，乳児の経験する世界を喜びと悲しみの表情に分けて，その時々で脳の内部で何が起こっているのかを脳波（EEG）からみている。」

　A君　「喜びの表情の時と悲しみの表情の時とで，脳波の出現部位が異なる

んですか。」

　先生　「その通り。うつの母親を持つ乳児の脳と幸せな母親を持つ乳児の脳を比べると，うつの母親の乳児の脳は，プラスの感情に関わる脳の部位の活動がほとんどみられず，マイナスの感情に特殊化された脳の領域はより活発な活動を示したんだよ。」

　A君　「その知見によると，乳児が育てられる方法や環境が，将来の個人の適応そのものに影響するわけですね。」

　先生　「そのようなんだ。乳児が何を見ているのか，何を聞いているのか，さらにはどのような感情を経験しているのか，ということがその人の生涯発達にとってきわめて重要になってくるね（Dawson *et al*., 1992；Greenspan, 1997）。」

1.2　乳児の自然な活動リズムと反射

　A君　「生まれたばかりの乳児を観察していると，ほとんど眠っているようですが，乳児は何か生命維持に関わる行動パターンを持って生まれてくるんでしょうか。」

　先生　「1960年代以降，新生児の行動に関する研究は，私たちの見解を劇的に変えてきているんだ。乳児はまだ，幼児のように，移動の手段としての二足歩行も自分の感情や意志を伝えるための言語も持っていないけど，睡眠や目覚め，摂食，動きのパターンを引き起こす自然な活動のリズムをすでに持っている。さらに新生児は，外的な刺激に反応するための多くの反射と，ごくわずかだけれども，見たり，聞いたり，吸ったり，泣き叫んだりすることを通して，環境を探索したりあるいはコントロールするための体制化された行動パターンも身につけているんだよ。」

（1）睡眠と新生児反射

　A君　「1日の睡眠時間に対する静かな深い眠りと活動的な浅い眠り（レム睡眠）の割合は，乳児も私たちと同じなんでしょうか。」

　先生　「新生児は1日に16時間ほど眠っているけど，そのうちの50％がレム睡眠に割り当てられているんだ。誕生から2～3歳へと発達が進むにつれて，

レム睡眠の割合は，50％から25％へ急速に半減していく。2～3歳以降は，多少の変動はあっても，睡眠時間に対するレム睡眠の割合は生涯を通してあまり変わらないんだね（Groome et al., 1997）。」

A君　「なぜ新生児期は，レム睡眠を多く必要とするのでしょうか。」

先生　「今のところ，新生児のレム活動は一種の内的な機構を反映したもので，乳児が外界から十分な刺激をうけ取ることができるように神経通路の活性化を維持しているのではないかと考えられているよ（Kandel & O'Dell, 1992）。」

A君　「新生児のレム活動は新生児反射が大脳皮質の発達を待って，徐々に自発運動に変わっていく過程と平行しているように思えますが。」

先生　「そうだね。たしかに新生児反射があるかないかによって，乳児の脳や神経系についての情報を得ることもできるね（Vasta et al., 1999）。」

(2) 良好な状態（well-being）と問題を抱えた危険な状態

A君　「子どもの誕生を待つ両親はまず，自分たちの子どもが正常な状態で生まれてくるかどうかを心配しますが，問題を抱えた危険な状態の新生児の出生率は，どのようになっていますか。」

先生　「10人中9人以上の新生児は，心身ともに良好な状態で生まれてくるのだけれど，それ以外の新生児は，身体的な問題がただちに明らかになるものと，発達遅滞や認知的社会的な問題を抱えた危険な状態（risk）にあるものとに分かれるんだ。例えば，胎児アルコール症候群（fetal alcohol syndrome；FAS）や出産時の体重が2500g未満の低出生体重児，そして乳児の突然死症候群（sudden infant death syndrome；SIDS）などがあげられるね。」

A君　「FASは，妊娠中に母親がアルコールを飲むことで胎児への危険性が増大すると聞いていますが，誕生後の新生児にどのような発達障害がみられるんですか。」

先生　「FASと診断された乳児の80％以上は，中枢神経系の機能障害にかかっていて，軽度から中度の精神遅滞と脳の奇形生成である小頭症の徴候がみられるよ（Streissguth et al., 1980）。」

A君　「なるほど。では低出生体重児は，どのような危険性や問題を抱えているんでしょうか。」

先生「米国のデータでは新生児全体の約6～7％が，低出生体重児にあたるんだね。統計によると最初の1ヶ月以内に死亡する確率は，正常体重児の約40倍にもおよぶんだよ。さらに低出生体重児の場合は，呼吸を始めたりあるいは維持したりすることが相対的に難しいといわれているね。」

A君「もし呼吸ができないと，酸素欠乏症（anoxia）になって，結局は細胞を死なせる原因となるんではないでしょうか。」

先生「その通りだね。脳細胞はとくに酸素欠乏に敏感なので，重度の酸素欠乏症は，四肢の運動をコントロールする脳の領域を損傷するかもしれないよね。その結果脳性小児麻痺と関連した痙攣性の運動が起こる可能性が高くなるんだよ（Vasta et al., 1999）。」

A君「最近SIDSの問題をニュースで耳にするようになりましたが，その原因はわかっているのでしょうか。」

先生「SIDSは，1歳以下の乳児が身体的あるいは医学的に原因不明なままに突然死するもので（Willinger et al., 1991），そのピークは，生後2ヶ月から4ヶ月にかけて出現しているんだね（Dwyer & Ponsonby, 1995；Guntheroth, 1995）。SIDSについては，疫病学的な観点に加えて乳児の寝かせ方など異文化比較の観点からも調べる必要があると思うな（大岸, 2002）。」

第2節　乳児の認知的世界

2.1　視覚の世界

(1) 対比感受性機能（contrast sensitivity functions；CSF）

A君「新生児は，両親をはじめまわりの人びとやものをよく見ていますが，乳児の視覚の世界は，どのように発達するのですか。」

先生「図2-1は，1ヶ月児，2ヶ月児，と3ヶ月児が，約50cmの距離から女性の顔をどのように知覚するのかをシミュレートしたものだよ。1ヶ月児は，顔の対比に対する感受性は非常に低くて，表情を見分けることが難しいんだけど，髪の生え際と額の間の輪郭線のような非常に対比の高いところは見ることができるようなんだ。このような対比に関する知見は，対象の色や形の弁別に優れているところの網膜の中心窩が，新生児ではまだ十分に発達していないと

いう生理学的な事実とも一致しているんだよ。」

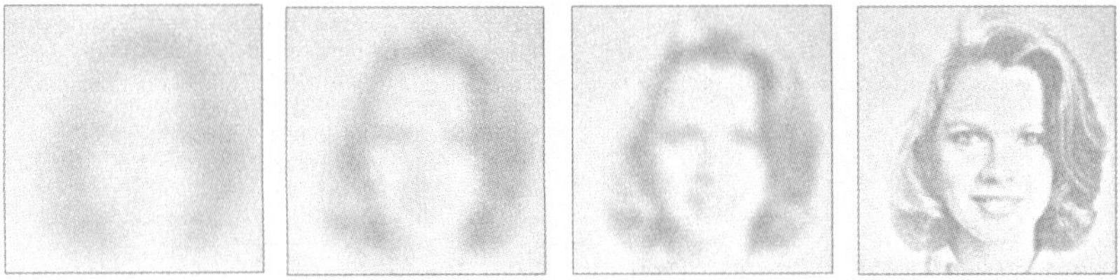

| 1ヶ月 | 2ヶ月 | 3ヶ月 | 成人 |

図2-1 乳児における成人の顔の知覚シミュレーション（Goldstein, 1996）
これらの写真は，数学的手続きを用いて，1ヶ月児，2ヶ月児，3ヶ月児の対比感受性機能（CSF）を右端の成人が知覚した写真に適用したもの。

A君　「このシミュレーションによると，乳児は，成人とは違って，霞(かすみ)のかかった目を通して世界を見ているようですが，例えば養育者の表情は，いつごろ見分けられるんですか。」

先生　「乳児の対比知覚は，3ヶ月までに表情を知覚するようになっているんだ。このころの乳児は，喜びの表情と驚きや怒りあるいは表情のない中性の顔との間の違いを理解していることが報告されているよ（LaBarbera *et al.*, 1976；Young-Browne *et al.*, 1977）。」

(2) 奥行き知覚

A君　「乳児は，私たち成人のように奥行き知覚によって環境を理解しているんですか。」

先生　「1960年代に視覚的断崖（visual cliff）の装置（図2-2）を使った研究がおこなわれ，這い這いができる乳児が，断崖の淵から落ちるのを避けることができることから，奥行き知覚の成立が明らかになったんだよ。」

A君　「大変興味のある実験ですが，這い這いできる以前の乳児については，どうですか。」

先生　「そうだね。その後の研究では，両眼像

図2-2　視覚的断崖上の乳児
（Walk & Gibson, 1961）
この装置は深い方の奥行き感を出すために，乳児のいる中央のところで前方のガラス板の下方にチェック柄が見えるようになっている。

差（binocular disparity）を使って乳児の奥行き知覚がいつごろから成立するのかをみているね。両眼像差は，目に入ってくる情報が，左右の網膜像で少しズレを生じている左右差のことをいうんだけど，この左右で少しずれている網膜像は，それぞれ視覚情報として，視床の外側膝状体を通り，大脳皮質後頭葉の視覚野へ送られて，そこで奥行き知覚が生じるんだね。」

A君　「特殊な眼鏡をかけると2次元の図が立体的に飛び出して3次元的に見えるのは，そのためですね。ステレオグラム（立体視図）の絵本も多く出版されていますが，乳児を対象にした場合に，どのような実験をしているんでしょうか。」

先生　「例えばヘルドら（Held et al., 1980）は，選好注視法（preferential looking technique：PL法）によって，乳児の立体視に対する鋭敏さをテストしているんだ。図2-3をみてごらん。このような2つの刺激を乳児に呈示する。すると乳児は，興味のある刺激をじっと注視するんだね。この自然の行動特徴を活用したのが，PL法だよ。左の図は，2次元の縦縞だけど，右の図は，特殊な眼鏡を通すと3次元の立体に見えるんだ。」

A君　「もし乳児が奥行き知覚の世界を解釈しているのならば，右の立体視図の方を左の平面図よりも好んで見るというんですね。」

先生　「その通り。実はこの実験には，乳児は2次元刺激よりも3次元刺激

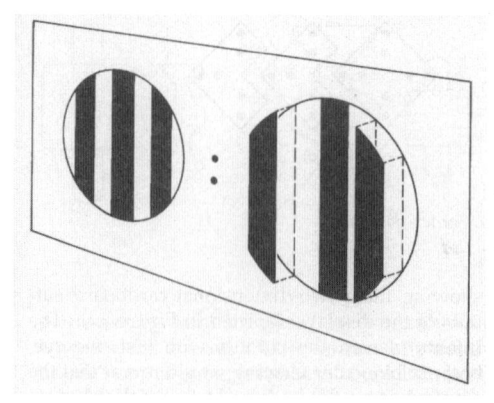

図2-3　立体視の鋭敏さをテストするために使われた刺激（Held, Birch, & Gwiazda, 1980）
左のパターンは，2次元の平板な格子模様。右のパターンは，特殊な眼鏡を通して見た時に3次元の格子模様に見える立体視図。

を好んで注視する，というファンツ（Fantz, 1965）の知見が前提となっているんだ。実験結果をみると，乳児は約3ヶ月半までに左右の網膜像のズレを使うことができるようだね。ヘルド（Held, 1993）は，乳児の奥行き知覚は，外側膝状体のニューロンがシナプスを形成する過程での変化に依存していると考えているよ。」

(3) 対象の永続性

A君　「見えなくなっても対象は存在し続けるという認識をピアジェ（Piaget, J.）は，対象の永続性とよんで基本的な認識であると考えていますが，ピアジェが主張するように，隠された対象を乳児が探し出す行動は，8ないし9ヶ月以前には存在しないんでしょうか。」

先生　「近年，馴化（habituation）テクニックを用いた諸研究（Baillargeon et al., 1985；Baillargeon & Graber, 1987）によって，この点が見なおされているね。その結果によると，5ヶ月を迎える前に乳児は，対象が見えなくなっても存在し続けることをちゃんと知っているようなんだ（図2-4参照）。」

A君　「馴化テクニックとは，どのような方法ですか。」

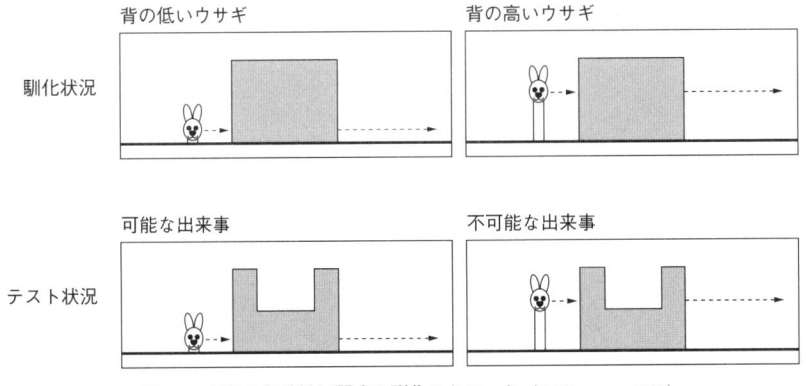

図2-4　対象の永続性に関する馴化テクニック（Baillargeon, 1987）

上の左右の馴化状況は，背の低いウサギかあるいは背の高いウサギがスクリーンの後ろに隠れてもう一方の側から現れる状況。下の左右のテスト状況は，左下が可能な出来事の場面である。スクリーンに窓があるが，左上の状況と変わらない。一方右下は不可能な出来事の場面で，背の高いウサギがスクリーンの後ろに隠れた時，窓から顔が見えるはずであるが，それが現れない状況である（この研究は最初5.5ヶ月児を対象におこなわれたが，最近の研究で，14週児も同じ結果を得たと報告されている）。

先生「馴化テクニックは，選好注視法と同様に，現在よく使われている赤ん坊を対象とした実験方法の1つなんだよ。赤ん坊は，新奇な対象に興味を示すよね。しかし慣れてくると興味を示さなくなるんだ。この現象が馴化（慣れ）だよ。図2-4の上段の馴化状況の例では，5ヶ月半の乳児は，背の低いウサギかあるいは背の高いウサギがスクリーンの後ろに隠れてその後にもう一方の側から現れるのを見る。これを繰り返すと乳児は，だんだん慣れて興味を示さなくなり馴化するんだね。馴化後に図の下段のテスト状況に移り，乳児は，左図の可能な出来事の場面かあるいは右図の不可能な出来事の場面でテストされるんだ。その時の乳児の反応に回復（再度刺激に興味を示すこと）がみられたならば，脱馴化（dishabituation）が出現したことになるわけだね。」

A君「変化がみられずに馴化が進めば，乳児は，馴化状況からテスト状況への変化に気づいていないということですね。」

先生「そう。この実験の場合，5ヶ月半の乳児は左下の可能な出来事に関しては，馴化したままだったけど，右下の不可能な出来事に関しては，脱馴化を起こし，驚きと動揺さえもみせたんだよ。」

A君「つまり5ヵ月半の乳児は，対象の永続性を持っているということですね。それでは馴化テクニックによる実験結果は，なぜピアジェの実験結果と異なるのですか。」

先生「ピアジェは，乳児に対象が隠された場所，例えば布の下やスクリーンの後ろを，布やスクリーンを持ち上げることで反応を求めているんだ。ところが乳児は，対象の永続性は理解していても，ピアジェが求めたように対象が

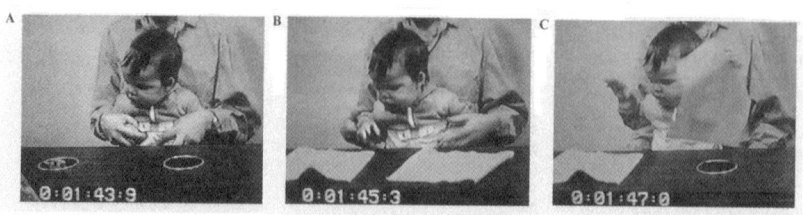

図2-5　乳児が知っていること（what infant knows）と行動（what infant does）との間の分離状態
(Gleitman, 1991)

A　7ヶ月児が2つの穴の一方におもちゃが隠されたのを見ている。
B　2つの穴にカバーがかけられた後もおもちゃの隠されたほうを見続けている。
C　ところが，見ている方とは違う側の穴つまり先行試行の段階でおもちゃを見つけた穴の方のカバーを開ける。

隠される場所が変わると，初めに隠された場所を探して，新しく隠された別な場所に手を伸ばして探索することができないようなんだね（図2-5参照）。」

A君　「図2-5の乳児のように，もはや適切でない場所にまた手を伸ばすのは（reaching pattern）なぜでしょうか。」

先生　「この反応パターンは，乳児の前頭葉の発達が未熟なために起こる固執という現象で，サルや前頭葉に損傷をうけている患者でも同じ反応がみられているんだよ。そこで現在では対象の永続性は，乳児の論理的な認識と行動次元での探索運動との間に時間的な遅れがあると考えられているんだ（図2-5）。」

2.2　聴覚と言語発達

A君　「よく"人間は言葉を操る言語的生物である"といわれますが，この地球上にはいったい何種類の自然言語があるのですか。」

先生　「言語学者のチョムスキー（Chomsky, 1987）によると，約5000の言語があって，そのどれもが，非常に性質が違う上に，いずれも優劣つけがたい完全な言語であるといわれているね。」

(1) 母親の声への傾聴嗜好

A君　「生まれてすぐの乳児は，誕生前におなかの中で両親などの話す言葉を聴いていたと思うのですが，乳児はその時の話し言葉を記憶しているのでしょうか。」

先生　「デキャスパとファイファ（De Casper & Fifer, 1980）は，生後2日目の乳児が母親の声を覚えていて好んで聞きたがるかどうかを，図2-6に示した実験手続きによって調べているんだ。その結果，乳児は誕生以前に聞いていた母親の音声を識別できることと，見知らぬ人の音声よりも母親の音声を嗜好することがわかったんだよ。さらに，乳児は外国語（アラビア語）よりも母国語（英語）を好んで聞くことも

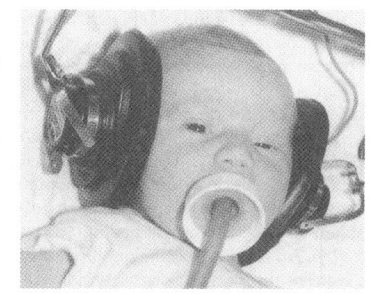

図2-6　乳児の音声記憶の実験場面
(DeCasper & Fifer, 1980)
乳児はおしゃぶりの吸い方を変えることによって，母親の音声録音を聞くかあるいは見知らぬ人の音声録音を聞くかをコントロールできた。

わかっているよ（DeCasper *et al.*, 1994）。」

(2) 話し言葉の持つ普遍的なリズムとメロディー

A君　「乳児の聴覚は，誕生以前から急速に発達しているんですね。母親の音声や母国語の記憶が誕生すぐの乳児に備わっているということは，とても驚きました。乳児に対する母親の音声には，何か共通する特徴があるのでしょうか。」

先生　「これまでの研究によると，母親が乳児に話しかける時の音声パターンは，音域が高くて短くかつゆっくりと反復して語りかけるという特徴があるんだね。この母親の話し言葉に込められた意味深いメロディーは，母親の感情に埋め込まれたメッセージとして，多くの文化に共通にみられる普遍性を備えていると考えられているんだよ（Fernald, 1992）。」

(3) 音素弁別の始まり——/ra/と/la/の異文化言語知覚

A君　「基本的な音の違いが母国語の音素であるか否かを乳児は，どのようにして学習するのでしょうか。」

先生　「ごく初期の乳児は，どの言語でもつくられるすべての音の違いについて反応するんだ。その後，問題とならない音の違いを無視することを学習することによって，母国語の音素を発見するといわれているね（Jusczyk, 1985）。」

A君　「例えば，日本とアメリカの乳児を比較した場合，"l" と "r" の間の弁別はどのように発達するのでしょうか。」

先生　「神経科学者のクールら（Kuhl *et al.*, 1997）は，乳児に "ra" の音声を提示し，それが "la" に変わった時に乳児の頭を横に向けるように訓練したんだよ。すると6ヶ月の年齢ではアメリカの乳児も日本の乳児も "ra" と "la" の違いを理解したんだね。ところがその6ヶ月後に同じ実験を繰り返したところ，日本の乳児は，6ヶ月と12ヶ月の間に，"ra" と "la" を弁別できなくなっていたんだよ（図2-7）。」

A君　「1回目の実験結果からは，日米の乳児の反応に差がなかったのに，その後の6ヶ月の間に何が起こったのでしょうか。」

先生　「クールによると，日本の乳児は，6ヶ月と12ヶ月の間に，"ra" と

/ra/ と /la/ の異文化言語知覚

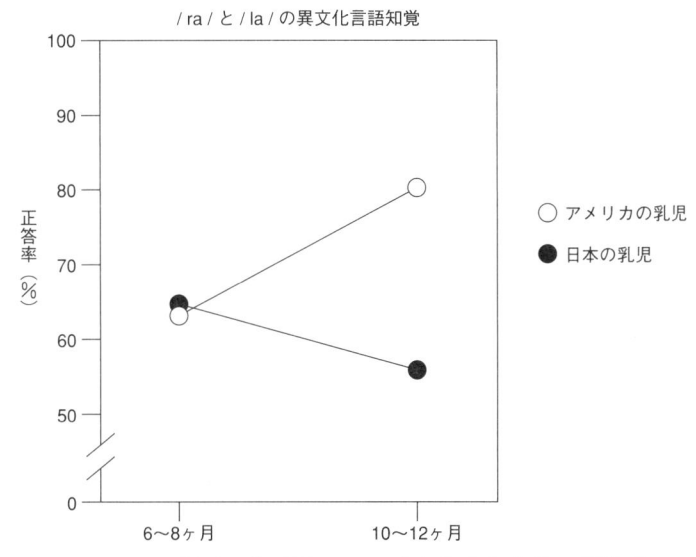

図2-7 アメリカの乳児と日本の乳児における音声"ra"と"la"の言語知覚
7ヶ月時点と11ヶ月時点での正反応パーセントの変化。

"la"の区別のない日本語にさらされていたために"ra"と"la"の音素弁別ができなくなっていたと理論化しているよ。つまり乳児の脳は，余分なニューロンの連結を切り捨て必要な連結を維持するように情報を体制化しているというんだ。」

A君　「だからこそ，子どもは，2，3歳で上手にコミュニケーションできるようになるのかもしれませんね。」

先生　「最近の乳幼児の研究はいずれも，学習は子どもが幼稚園や小学校に入る日から始まるのではないことを示しているね。学習は，最初の数ヶ月から始まっているわけだから，両親や世話をする人が乳児の最初の先生となることを私たちは再認識する必要があるよね。」

(4) 話し言葉における母国語の音韻体系の獲得

A君　「乳児が発する最初の言葉は，最初の歩行とともに，両親や世話をする人に感動を与えますが，初語にはどのような働きがあるのでしょうか。初語がとても大事な機能を持っていることは，映画"奇跡の人"を見てもわかりま

す。ポンプから流れ出る水のところで，ヘレン・ケラーが初めて指文字のW-A-T-E-Rが流れる水を意味することに気づく最後の場面は，とても感動的でした。」

先生　「そうだね。ヘレン・ケラーにとって初めて意味の世界が開けたわけだよね。健常児の場合は，1歳のころに初語としての一語文が出現する。一語文は，語を綴るという記号そのものを構成する行動（"W-E-R-A-T-"ではなく"W-A-T-E-R"）と，語"WATER"が実在の水を代表することを理解する道具的行動とが，うまく合体して初めて芽生えるんだ。ヘレン・ケラーの意味の世界は，この一語文の出現に相当するものなんだね。」

第3節　乳児の社会的・感情的発達

（この第3節については，第1章も参照のこと。）

3.1　刷り込み（imprinting）と臨界期（critical period）

A君　「カモの親子が道路を連れ立って横断する何とも微笑ましい光景がニュースになっていました。それを見ながらローレンツ（Lorenz, K.）の刷り込みの発見が，親子関係の成立にどのように関わるのかとても知りたくなりました。」

先生　「ローレンツの刷り込みは，孵化したカモの子どもがごく限られた時期に見たものを親だと思い込んでしまう，しかもその学習が一生涯消えない現象をいうんだね（図2-8）。さらにこのような種に特有な行動が，より容易に学習される時期があって，これを臨界期とよんでいるんだよ。」

A君　「子ガモの刷り込みが起こるのは，いつでどれくらいの期間なんですか。」

先生　「マガモの場合，図2-9のように孵化後約15～16時間に刷り込みの臨界期があるんだね。30時間後にはもうほとんど刷り込みは起こらなくなっている。しか

図2-8　仮親ローレンツへの子ガモの追従行動（Mehler & Dupoux, 1994）

も仮親との間に障害物があったり，距離が遠いほど強く刷り込まれることもわかっているんだ。」

A君　「自然環境下でも，生物学的な親以外に臨界期にいろいろなものを親として刷り込む機会があると思うのですが，その点はいかがですか。」

先生　「たいへんな問題だね。しかし自然環境ではうまくできていて，孵化の2日前ぐらいから卵内のヒナと親ドリとの間で音声の交信があるようなんだよ。」

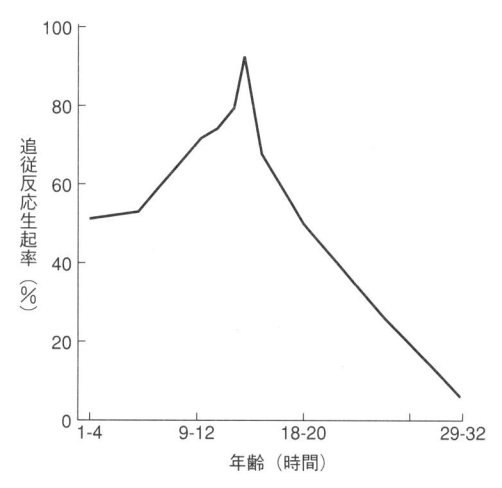

図 2-9　刷り込みが起こる臨界期（Hess, 1958）
インプリンティングされた後の仮親への追従反応の生起率

A君　「なるほど。孵化後に親ドリを親と学習するようにうまく仕組まれているのですね。では人間の場合，どうなのでしょうか。」

先生　「次の愛着行動と社会的意味のところで，人間の場合について，再度取り上げてみよう。」

3.2　愛着行動と社会的意味

A君　「乳児の行動を観察していると，興味のある対象に少しずつ近づいて探索を始めようとします。でも何か恐怖心を持つとすぐに両親の元に戻ってしがみついていますがあの姿は何なんでしょうか。」

先生　「それは安全基地からの探索といわれる行動で，乳児の両親への愛着行動の1つなんだよ。一般に愛着とは，人間と情緒的に結びつきたいという要求を持つ状態をいうんだけど，社会的な発達の観点からは，乳児の養育者への愛着は，その後の対人関係の基礎になるといわれているね。」

(1) 接触の快

A君　「シュルツの有名な漫画"スヌーピー"に登場するライナスは，いつ

も安心毛布といっしょに現れます。」

先生　「そうだね。安心毛布は，スキンシップの代名詞のようなものだね。まず，古典的なハーロウ（Harlow & Harlow, 1966）の愛着の研究だけど，これはすでに第1章で検討したよね。もう一度確認しておくと，ハーロウは，生まれてすぐのアカゲザルを母ザルから離して，布地で覆われた木製の代理母親（接触の快を与える）かあるいは針金でできた代理母親（接触の快はないが，哺乳瓶から授乳できる）のもとで育てたんだ。子ザルは，どちらの代理母親のところで長く過ごしたのだったかな。」

A君　「授乳も接触の快も子ザルの基本的な欲求を満たす重要な対象ですが，授乳以外はライナスのように接触の快を与える代理母親にしがみついていたのでしたね。」

先生　「その通り。アカゲザルの子どもは，平均で1日17時間から18時間を布の代理母親のもとで過ごし，食べ物を与えたにもかかわらず針金の代理母親のもとでは1時間弱しか過ごさなかったんだ。さらに恐怖を感じた時も一貫して布製の代理母親にしがみついたんだよ。そのほか多くの動物実験からも，接触の快は，とくに社会的な孤立や恐怖を癒すためになくてはならないものとみなされているね。」

(2) 愛着の発達過程

A君　「人間における乳児期の親子関係で，このような情緒的な結びつきが，何らかの理由で欠如して実際に発達的な問題が生じた事例は，報告されていますか。」

先生　「1つは，ホスピタリズム（施設病：hospitalism）とよばれる現象だね。閉鎖的な施設で育てられた乳児にみられる知的・情緒的・社会的な発達の遅れや人格の偏りなどへの影響が報告されているんだ。さらに発達初期の母子分離つまり母親不在や育児ノイローゼ，虐待による心理的拒否によって，ホスピタリズムの症状に似た状態が認められることからボウルビィ（Bowlby, 1982）は，母性剥奪（maternal deprivation）としてこのような症状を体系化しているよ。最近では，「保育器」での誕生直後の社会的な孤立状態も問題視されるようになっているね。」

(3) 父親の役割

A君　「幼いころは父親によく遊んでもらいました。その遊びは，母親とは違って，高く空中に持ち上げられたり，ゆすられたりと，より身体的で活発でした。父親と母親とでは，育児に関する役割が違うように思いますが，いかがですか。」

先生　「両親の子どもへの育児的な関わりは，質的にも全く違うようなんだよ。遊びに対しても，父親の遊びは，たしかにより身体的で活発だね。それに対して母親の遊びは，より静かで，身体的な相互作用よりも言語的な遊びを強調するよね。子どもは，母親に対してはどちらかといえば世話をしてもらったり気持ちを和ませてほしい時に，一方父親に対しては，好きな遊びをしてほしい時に接近するようなんだ（Lamb, 1977 ; Parke, 1981）。両親への乳児の愛着行動は，社会的な対人関係のみならず知的・情緒的な発達を促進していくんだね。」

第4節　幼児の世界

4.1　自我の形成と第1反抗期

A君　「幼児が，足を投げ出しばたばたさせて親を困らせている姿を見かけることがありますが，第1反抗期の現象ですか。」

先生　「状況を見ないと何ともいえないけど，第1反抗期は2～3歳ごろに幼児も親も情緒不安定になる時期にあたるんだね。幼児は，自我の芽生えにともなって，未知の世界を探索し始めるんだ。その知的好奇心は，親の危険に対する禁止にも増してますます高まっていく。このように一見幼児が親に反抗してみえる現象を第1反抗期とよんでいるんだよ。幼児は，この時期を通して，来るべき母子分離に備えていくといわれているんだ。」

A君　「幼児の探索欲を駆り立てる刺激とは，どのようなものをいうんでしょうか。」

先生　「幼児にとって全く未知のものでもまた逆によく知っているものでもないもの，つまり少しは知っているけれども十分には知らない，という対象や事象に対して，幼児は，もっと知りたいと思うんだね。だから成人の側の課題

は，危険だからといって子どもの行動を禁止するよりも，子どもにいろいろ経験させて，適度に新奇な応答的環境を準備することが求められているんだよ。」

A君　「幼児が発するシグナルに敏感に対応する必要がありますね。ところでフロイトは，幼児期前半を"肛門期"とよび，エリクソンは"自律の危機"とよんでいますが，社会的圧力としてのしつけとの関係は，これも課題が多そうですが（Erikson, 1963）。」

先生　「そうだね。幼児は，社会の中で適応するための基本的な習慣を身につけていく。とくにトイレットの訓練は，もし失敗すれば恥の心情を色濃くし，うまく乗り切れば自律できる，いわゆる危機の要になってくるから，養育する側も十分に配慮する必要があるよね。」

4.2　言葉と意味の世界
(1) 言葉の獲得はどのようにして生じるのか？

A君　「3歳ごろになると幼児は，語彙数は少なくとも，大人が負かされるほどに上手に会話ができるようになっていますが，幼稚園時代の言語獲得は，どのように発達するのでしょうか。」

先生　「チョムスキー（Chomsky, N.）によると，世界のあらゆる自然言語は，ある共通の特性を備えていると考えられているんだ。しかもヒトの脳は，自然言語の特性を扱うように生得的にプログラムされているというんだよ。つまり言語獲得装置を持って子どもは生まれてくるというんだね。まわりの言語環境は，その生得的な言語能力を活性化されるように働きかけるわけだ。」

A君　「例えば，"犬が猫を追いかける"という発話は，どのようになっているんですか。」

先生　「図2-10は，文の基底構造と表層構造の関係を図示したものだよ。表層構造での日常の発話，"犬が猫を追いかける"は，文の基底構造では図のようにそれぞれの文法カテゴリーに対応している。この文の基底構造が表層へ表出される過程で，例えば受動文への変形規則の適用をうけた場合は，"猫が犬に追いかけられる"という発話になるんだよ。」

A君　「ではもっと複雑な文を子どもは，どのようにして生成していくんで

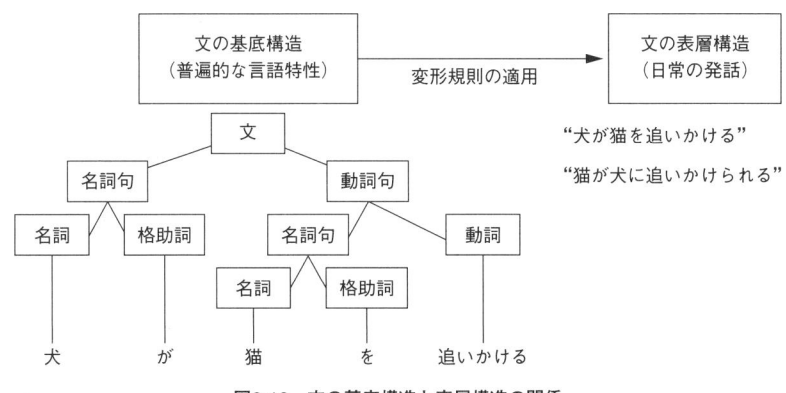

```
                    ┌─────────────┐    変形規則の適用    ┌─────────────┐
                    │  文の基底構造 │ ──────────────→ │  文の表層構造 │
                    │(普遍的な言語特性)│                │ (日常の発話) │
                    └──────┬──────┘                  └─────────────┘
                        ┌──┴──┐
                        │  文  │                  "犬が猫を追いかける"
                        └──┬──┘
                  ┌────────┴────────┐              "猫が犬に追いかけられる"
              ┌───┴──┐          ┌───┴──┐
              │ 名詞句│          │ 動詞句│
              └──┬───┘          └──┬───┘
           ┌────┴────┐        ┌────┴────┐
        ┌──┴─┐  ┌───┴──┐   ┌──┴──┐  ┌──┴──┐
        │名詞│  │格助詞│   │名詞句│  │動詞 │
        └─┬──┘  └───┬──┘   └──┬──┘  └──┬──┘
                            ┌──┴──┐
                         ┌──┴─┐┌─┴───┐
                         │名詞││格助詞│
                         └─┬──┘└──┬──┘
          │       │         │      │       │
          犬      が        猫     を    追いかける
```

図2-10　文の基底構造と表層構造の関係

すか。」

　先生　「チョムスキーは，複雑な文は文の中にさらに文を埋め込むことによっていくらでも生成できると説明しているよ（埋め込み文）。例えば"犬がえさを食べた"という文を図2-10の発話文に埋め込むことで，"<u>えさを食べた犬</u>が猫を追いかける"となるわけだね。」

(2) 知覚的文脈からの脱却

　A君　「幼児に絵本を読み聞かせていると，それぞれの幼児がイメージを膨らませて，お話の世界に入っていく様子が，表情からうかがえます。」

　先生　「そうだね。ピアジェは，幼児期の思考様式は，乳児期の知覚的文脈を中心とした感覚運動的知能から脱して，対象や出来事が今ここになくても，イメージや言語を媒介として脳の中でそれらを表象するようになるといっているね。日本昔話やそれぞれの異文化が持つ民話は，たとえ母国語は異なっても，イメージの世界で普遍性と共通性を持っているように思うな。」

(3) 内言と外言

　A君　「幼稚園児の遊びの世界をのぞくと，よく独り言を言っています。耳を澄まして聞いていると，子どもが何か難しい課題に直面したり，課題に妨害が入ったりした時，自己中心的な独り言が倍近く出現しています。」

　先生　「集団的独語だね。幼児が仲間といっしょに遊びながら，相手と会話

をしているのではなく，自分自身に話しかけているもので，4歳ごろによく見かける現象だね。ヴィゴツキー（Vygotsky, 1962）は，言語はもともと社会的なコミュニケーションのためのものであって，他者に向けられた社会的な言語（外言）から自己に向けられた個人的な言語（内言）が，機能的に分化していくと考えている。この独り言は自己に向けられた内言で思考のために使われているんだね。その後このような独り言は，次第に姿を消して，本来の意味での内言になっていくんだね。」

A君　「幼児の独り言は，外言から内言への移行過程を反映しているんですね。」

先生　「そう。その過程を通して，子どもはイメージを膨らませながら，表情豊かに話を展開させていくんだよ。内言によって自動的・直感的におこなわれている思考の過程やその内容を，年長になると他者にわかるように再び外言化（話し言葉・書き言葉）するようになるわけだね。」

4.3　象徴遊びの世界と他者への思いやり

A君　「サン＝テグジュペリの"星の王子さま"は，主人公が6歳の時に読んだ本の中にあった素晴らしい絵（ウワバミが餌食を丸ごとぺろりと飲み込もうとしている絵）からジャングルの中では，いったいどんなことが起こるんだろうと，いろいろ想像していくところから始まります。この部分は，とくに幼児の豊かな想像の世界と大人への皮肉が書かれていて，とてもうまく子どもと大人の視点を表現していると感心しました。実際幼児のイメージや意味の世界は，遊びを通して，どのように発達するのでしょうか。」

先生　「では子どもの遊びの世界から考えてみようか。数名の幼児が長い紐を汽車にみたてて遊んでいる場面（汽車ごっこ遊び）を想像してごらん。まず子どもたちは，あるもの（所記）をそれとは別なもの（能記）で代表させているよね。この所記と能記の間には，まだ言語が持つ社会的な約束事としての恣意性や一般性の面では限界があるんだけど，その前兆として知覚的な文脈からの乖離がみられるよね。」

A君　「今ここにない電車（所記）を幼児はイメージの世界を通して，別のもの——長い紐（能記）に代表させているわけですね。」

先生　「そう。幼児は，実際の電車を思考を媒介とする間接的なイメージの世界から象徴（紐）の形に変えて表出しているといえるよね。次に子どもたちは，このような象徴遊びの中で，それぞれの役割分担を決定していくことで，遊び仲間の存在を意識する。つまり他者への思いやりの必要性を経験するようになるわけだよ。」

A君　「自分が遊びの主役になりたいと思う気持ちは，仲間も同様に持っているということが理解できるようになるわけですね。他者への思いやりは，子どもの認識の発達とどのように関連していくんですか。」

先生　「ピアジェ（Piaget, 1952）がいう前操作という用語は，子どもが表象水準で効果的な問題解決ができる「操作」を欠いていることを意味しているんだ。例えばピアジェは，子どもの表象的機能を用いた試みには自己中心性（egocentrism）による限界を含むことをあげているね。図2-11は有名な3つ山問題だけど，前操作期の子どもは，現象のとくに印象的な一面のみに注目して世界を見る傾向があって，しかもこのような一面的な判断をしている自己の主観性に気づいていないといわれているよ。」

A君　「図中の幼児は，自分から見える山の絵は描けるのですが，180度位置を変えた人形のある位置から見た3つの山の絵をイメージして描くことが難

図2-11　ピアジェの3つ山問題（Gleitman, 1991）

しいということですね。」

先生　「その通り。友達との遊びの世界でも，幼児は，それぞれの役割に関するルールを理解し始める。3つ山問題で示したように前操作期の子どもは他者の心理的な経験を表象する能力がごく限られていて，自分自身の視点から離れて，別な人の視点から物事を見ることが難しいんだよ。だから幼児にとって，友達との遊びを通して，他者への思いやりをはぐくむことが脱中心化していく上で重要な課題になってくるんだね。ピアジェは，知能と感情は知識の構造とそれを動かすエネルギーの関係にあるので，他者への思いやりが子どもの知能と感情をバランスよく発達させるために重要な役割を担っていると述べているんだ。」

4.4　欲求不満耐性とその発達的意味

A君　「最近の子どもを見ていると，我慢することがとても苦手なように思いますが，他者への思いやりは，ちょっと我慢することの学習にも必要ですね。家庭教育や保育園・幼稚園の教育現場では，どのように対処しているんでしょうか。あるいは，どのように対処すべきなんでしょうか。」

先生　「日常生活の中で，自分の欲求が通らない時にちょっと我慢してその欲求行動を延期する，いわゆる"セルフ・コントロール"を学習することは，保育園・幼稚園時代の子どもにとっての課題だね。この欲求不満耐性の強さは，最近の話題でもあって，幼児のその後の発達に大きく影響すると考えられているんだよ。」

A君　「ちょっとテレビを見たいけれども宿題をまず先に済ませられるとか，お釣りを多くもらった時にそれをすぐに返せるかとか，子どもは日常生活で誘惑に関する事態によく遭遇しますね。この問題についてどのような研究がなされていますか。」

先生　「1950年代に実施された研究は，まさに"誘惑への抵抗事態（Sears, Maccoby, & Levin, 1957；Sears *et al.*, 1965)"という方法なんだ。アメリカ合衆国では現在もう一度見なおされ取り上げられているんです。幼児期に誘惑への抵抗，つまり耐性を身につけることで，その後の発達が大きく異なっていくことを縦断的研究で明らかにしているんだ。わが国の子どもの社会的発達にと

っても誘惑への抵抗は重要な課題ではないかな（大岸, 2002）。」

> **第2章のキーワード**
>
> 成長曲線，遺伝と環境，ニューロン，シナプス，表情，脳波，生命維持，リズム，新生児反射，体制化された行動パターン，レム睡眠，良好な状態，胎児アルコール症候群，低出生体重児，乳児の突然死症候群，対比，奥行き知覚，視覚的断崖，両眼像差，ステレオグラム，選好注視法，対象の永続性，馴化テクニック，傾聴嗜好，音声パターン，メロディー，言語知覚，音韻体系，一語文，刷り込み，臨界期，愛着，安全基地からの探索，接触の快，ホスピタリズム，母性剥奪，第1反抗期，自我の芽生え，母子分離，探索欲，肛門期，自律の危機，基本的習慣，言語獲得装置，文の基底構造と表層構造，変形規則の適用，埋め込み文，イメージ，知覚的文脈，感覚運動的知能，普遍性，共通性，集団的独語，内言，外言，能記，所記，恣意性，象徴，思いやり，前操作，操作，自己中心性，3つ山問題，我慢，セルフ・コントロール，欲求不満耐性，誘惑への抵抗事態，縦断的研究

【参考文献】

Baillargeon, R., Spelke, E.S., & Wasserman, S. 1985 Object permanence in five-month-old infants. *Cognition*, **20**, 191-208.

Baillargeon, R., & Graber, M. 1987 Where's the rabbit? 5.5-month-old infants' representation of the height of a hidden object. *Cognitive Development*, **2**, 375-392.

Bowlby, J. 1982 *Attachment and loss: Vol. 1. Attachment* (2nd ed.) New York: Basic Books. (Original work published in 1969).

Chomsky, N. 1987 *Knowledge of language: Its nature, origin, and use.* New York: Praeger.

Dawson, G., Grofer, L., Hill, D., Panagiotides, H., & Speiker, S. 1992 Frontal lobe activity and affective behavior of infants of mothers with depressive symptoms. *Child Development*, **63**, 725-737.

DeCasper, A.J., & Fifer, W.P. 1980 Of human bonding: Newborns prefer their mothers' voices. *Science*, **208**, 1174-1176.

DeCasper, A.J., Lecanuet, J-P., Busnel, M-C., Deferre-Granier, C., & Maugeais, R. 1994 Fetal reactions to recurrent maternal speech. *Infant Behavior and Development*, **17**, 159-164.

Dwyer, T., & Ponsonby, A. 1995 SIDS epidemiology and incidence. *Pediatric Annals*, **24**, 350-356.

Erikson, E.H. 1963 *Childhood and society.* New York: Norton.

Fantz, R. L. 1965 Visual perception from birth as shown by pattern selectivity. *Annals of the New York Academy of Science*, **118**, 793-814.
Fernald, A. 1992 Meaningful melodies in mothers' speech to infants. In H. Papousek, U. Jurgens, & M. Papousek (Eds.), *Nonverbal vocal communication: Comparative and developmental approaches* (pp. 262-282). Cambridge: Cambridge University Press.
Goldstein, E.B. 1996 *Sensation and perception* (4th ed.) San Francisco: Brooks/Cole Publishing Company.
Gleitman, H. 1991 *Psychology* (3rd ed.) New York: W.W. Norton & Company, Inc.
Greenspan, S.I. 1997 *The growth of mind*. Reading, MA: Addison Wesley.
Groome, L.J., Swiber, M.J., Atterbury, J.L., Bentz, L.S., & Holland, S.B. 1997 Similarities and differences in behavioral state organization during sleep periods in the perinatal infant before and after birth. *Child Development*, **68**, 1-11.
Guntheroth, W. 1995 *Crib death: The sudden infant death symdrome* (3rd ed.) Armonk, NY:Futura.
Harlow, H.F., & Harlow, M.K. 1966 Learning to love. *American Scientist*, **54**, 244-272.
Held, R. 1993 Two stages in the development of binocular vision and eye alignment. In K. Simons (Ed.), *Early visual development: Normal and abnormal* (Chap. 15). New York: Oxford University Press.
Held, R., Birch, E.E., & Gwiazda, J. 1980 Stereo-acuity of human infants. *Proceedings of the National Academy of Science*, **77**, 5572-5574.
Hess, E.H. 1958 "Imprinting" in animals. *Scientific American*, **198**, 82.
Jusczyk, P.W. 1985 On characterizing the development of speech perception. In J. Mehler & R. Fox (Eds.), *Neonate cognition: Beyond the blooming buzzing confusion*. Hillsdale, NJ: Lawrence Erlbaum.
Kandel, E.R., & O'Dell, T.J. 1992 Are adult mechanisms also used for development? *Science*, **258**, 243-245.
Kuhl, P.K., Andruski, J.E., Chistovich, I.A., Chistovich, L.A., Kozhevnikova, E.V., Ryskina, V.L., Stolyarova, E.L., Sundberg, U., & Lacerda, F. 1997 Cross-language analysis of phonetic units in language addressed to infants. *Science*, **277**, 684-686.
LaBarbera, J.D., Izard, C.E., Vietze, P., & Parisi, S.A. 1976 Four and six-month-old infants' visual responses to joy, anger, and neutral expressions. *Child Development*, **47**, 535-538.
Lamb, M.E. 1977 Father-infant and mother-infant interaction in the first year of life. *Child Development*, **48**, 167-181.
Mehler, J., & Dupoux,E. 1994 *What infrants know: The new cognitive science of early development*. Cambridge, MA: Blackwell.
大岸通孝　2003　内部環境の調整　塩見邦雄・中田　栄（編）　対話で学ぶ心理学　ナカニシヤ出版
大岸素子　2002　心と身体の発達　塩見邦雄（編）　学校の心理学　ナカニシヤ出版
Parke, R.D. 1981 *Fathers*. Cambridge, MA: Harvard University Press.
Piaget, J. 1952 *The origins of intelligence in children*. New York: International University Press.
Scammon, R.E. 1930 The measurement of the body in childhood. In J.A.Harris, C.M.Jackson, D.G.Paterson, & R.E.Scammon (Eds.), *The measurement of man*. Minneapolis: University of Minnesota Press.

Sears,R., Maccoby, E., & Levin, H.　1957　*Patterns of child rearing*. Stanford, CA:Stanford University Press.

Sears, R., Rau, L., & Alpert, R.　1965　*Identification and child rearing*. Stanford, CA:Stanford University Press.

Streissguth, A.P., Landesman-Dwyer, S., Martin, J.C., & Smith, D.W.　1980　Tetatogenic effects of alcohol in humans and laboratory animals. *Science*, **209**, 353-361.

Vasta, R., Haith, M.M., & Miller, S.A.　1999　*Child psychology: The modern science* (3rd ed.) New York: John Wiley & Sons, Inc.

Vygotsky, L.S.　1962　*Thought and language*. Cambridge: MIT Press. (Original work published 1934)

Walk, R.D., & Gibson, E.J.　1961　A comparative and analytical study of visual depth perception. *Psychological Monographs*, **75**, 15.

Willinger, M., James, L., & Catz, C.　1991　Defining sudden infant death syndrome (SIDS). *Developmental Pediatric Pathology*, **11**, 677-684.

Young-Browne, G., Rosenfield, H.M., & Horowitz, F.D.　1977　Infant discrimination of facial expression. *Child Development*, **48**, 555-562.

第3章

小学校時代

　小学校時代は，フロイト（Freud, S.）が「潜在期」とよんだように，欲動の高まりは表面化せず，比較的情緒が安定する6歳から12歳にあたる。しかしながら最近では，児童期の前半で学級崩壊が生じ，児童期の後半で思春期の早まりにともなう心理的に不安定な現象がみられることから，小学校時代は今まさに心理的にも社会的にも揺れ動いている。

第1節　身体の発達と心理社会的危機段階

1.1　発達加速現象と性差

（これについては，第1章も参照のこと。）

　A君「小学校の高学年は，女子の方が男子よりもずっと成長が早く，身長・体重ともに勝っているようにみえます。」

　先生「そうだね。性差の逆転現象だよ。この現象は，生涯のうちで児童期後半にだけ，文化を越えて共通にみられるんだ。その原因は思春期への発達速度が，男女で著しく異なることに起因しているんだね。女性は，男性に比べて早熟なんだろうね。」

　A君「それに世代間で身体的な発達の速度が速まっているといわれていますが，この現象も小学校時代に影響を与えているんではないでしょうか。」

　先生「漸進的に身体の発育が年々早まる傾向を発達加速現象とよんでいるけど，この現象は現在，ほぼ安定してきているね。しかしながら，情緒の安定期である小学校時代に早くも情緒不安定な思春期が入り込むことで，情緒の安定する潜在期つまり小学校時代が短縮されることになるよね。その結果，精神

的な発達と身体的な発達のずれが，教育上の適応の問題を引き起こしかねないことになるんだよ。」

1.2 エリクソンの心理社会的危機段階と発達課題

A君　「思春期を早く迎えることで，身体的なイメージが崩れて，それを処理するだけの精神面の発達が追いつかないということでしょうか。」

先生　「まさにそこが問題だろうね。エリクソン（Erikson, 1963）は，学童期の心理社会的な危機段階を"有能性 対 劣等感"と定義しているんだ。児童が学級集団の中で競争心や達成感を十分有能な形で実現できると，その効力感はさらに社会的なスキルの獲得を促すことで困難な課題に立ち向かおうとする動機づけを高めていくとエリクソンは言っている。このような効力感を得るためには，情緒面の安定が欠かせないように思うね。」

第2節　保存と概念の獲得

　ピアジェ（Piaget, J.）の発生的認識論によると，小学校時代は具体的操作期にあたる。児童は，対象の外見的な見かけの変化にもかかわらず，その対象の数や長さ，量，面積，体積などが一定であることを理解していく。このような保存の獲得は，児童が具体的に現存する事象と自分の考えを協調させて1つにまとめる能力を獲得することを意味する。

2.1　保存の獲得過程

A君　「小学生の時，"綿1kgと鉄1kgとではどちらが重いか?"という謎かけをして友達をからかったものですが，保存の概念は，小学校時代を通して，どのように発達するんでしょうか。」

先生　「例をあげながら保存概念の発達過程をみていこう。図3-1に2種類の保存問題をあげてみた。まずQ1の液体量の保存は，変換前の状態（A1＝A2）から子どもの見ている前で一方のジュース（A2のジュース）を形の違うコップ（B）に移すんだ（変換：A2→B）。」

A君　「ただ移すだけで，ジュースの量は変化していないんですね。」

先生　「そう。もちろん，子どもは，同じコップA1とA2に同量のジュースが入っていることをあらかじめ了解しているわけだね。それで変換後に子どもに"A1とBの2つのコップには同じ量のジュースが入っていますか？ それともどちらか一方のコップの方が多いかしら？"と尋ねるんだよ。で，子どもが答えた後に，その理由を聞く（Piaget & Inhelder, 1969, 1974）。」

A君　「なるほど。液体量の保存を理解できていれば，子どもの答えは，どちらも同じ（A1＝B）ということですね。理解できていなければ，A1あるいはBいずれかのコップのジュースの方が多いと答えるんですね。」

先生　「その通り。7，8歳の児童は，そのほとんどが液体量の保存を獲得しています。なぜ同じかという理由も，可逆性（Bを変換前のA2にもどせば同じ）や同一性（A2とBのジュースは同じもの），相補性（Bのグラスは背が高いけれど，幅が狭い）にもとづいてA1＝Bであることを説明する。」

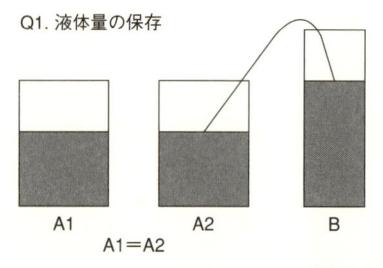

Q1. 液体量の保存　　　　　　　　Q2. 面積の保存

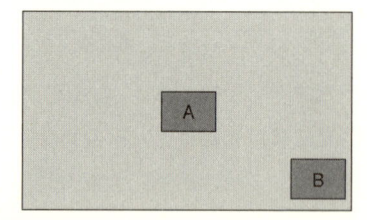

A1　A2　B
A1＝A2

図3-1　2種類の保存問題

A君　「次の面積の保存（図3-1のQ2参照）は，どのような問題ですか。小学校の算数で面積を習うころに獲得されるのでしょうか。」

先生　「まず，Q2（図3-1）の保存問題について説明しよう。牧草地（図の大きな長方形）に牧舎（図の小さな長方形）を建てる時，A中央に建てた場合と，B端に建てた場合とでは，どちらのほうが牛は多くの草を食べることができますか。それとも同じでしょうか，という問題だね。」

A君　「単純に牧草地から建てる牧舎の面積を引けばいいのですが，中央の牧舎を建てたほうが，牛は多くの草を食べられるように錯覚しそうです。」

先生　「そうだね。面積の保存は，Q1の液体量の保存よりも難しく，小学校の算数で，面積を学習し始める9，10歳ころに獲得されるんだ。その後に体

積の保存が獲得されていくんだよ。」

2.2 概念と帰納

A君　「今まで見たことのない鳥を目にした時，私たちは，その瞬間にそれが鳥であることを理解しています。なぜそのような情報処理ができるのでしょうか。」

先生　「私たちは，熟知しているものはもちろんのこと，新奇なものも，瞬時に帰納推理することで，出会った対象を一般化しているんだね。このような対象の一般化の結果が概念といわれるものだよ。」

A君　「つまり私たちは，対象をすでにある類概念にマッピングすることで，概念そのものを変化させているのでしょうか。」

先生　「その通り。私たちは，無限にある対象を効率よく処理するために思考の経済の原則（情報の圧縮）にもとづいて，概念的な行動をしているんだ。だから必然的に，ある対象をどのように一般化するかは，ちょうど知覚における図と地の分化のように，情報処理する側の注意の向け方や判断基準によって，動的に変化するといえるのではないかな。」

A君　「では小学生は，対象のどの側面に注意を向けて，よく似ているもの同士をまとめあげていくのでしょうか。子どもが，世界を体制化する判断基準をぜひ知りたいと思います。」

先生　「そうだね。ピアジェが唱えた対象を分類するクラス包摂の理論と比較しながら，ゲルマンとマークマン（Gelman & Markman, 1986）が，子どもを対象に新しい視点からおこなった概念研究を紹介しようかな。図3-2を見てごらん。3種の絵が描かれているよね。まず上段と中段の絵を順番に子どもに提示しながら，鳥とコウモリの生物学的な違いを説明する。続いて下段の鳥の絵を提示するんだ。この絵は，知覚的には中段の絵"コウモリ"と似ているけど，生物学的には上段の絵"フラミンゴ"と概念クラスが同じになっているよね。子どもは，下段の鳥の絵は，上段の鳥の絵か中段のコウモリの絵かどちらに分類されるのかを尋ねられるわけだ。」

A君　「一種の認知的葛藤場面を設定して子どもの概念的な判断を求めたものですね。ピアジェの理論では，幼稚園児は，下段の対象となる鳥の知覚的な

この鳥の足は夜になると冷たくなる。
（フラミンゴの絵）

このコウモリの足は夜になっても暖かなままである。
（黒コウモリの絵）

この鳥を見なさい。この鳥の足は夜になると，上段の鳥（フラミンゴの絵）のように冷たくなるのか？あるいは中段のコウモリのように夜になっても暖かなままであるのか？
（この鳥の絵はコウモリによく似て見える。絵参照）

図3-2 子どもの概念研究に用いられたサンプル刺激例（Gelman & Markman, 1986）

類似性に引っ張られて，形のよく似たコウモリのほうを選択します。しかし具体的な操作思考を獲得するにつれて子どもは，知覚的には似ていなくても，生物学的な性質から下段の鳥を，上段の鳥と同じ仲間にグループ化するようになります。」

先生　「ピアジェの考えでは，まさにその通りだね。これまではクラス包摂の認識は，ピアジェの理論にしたがって，小学校時代を通して発達すると考えられてきたんだ。しかしゲルマンらの実験結果は，4歳児のほとんどが，知覚的な類似性よりも鳥の足は夜になると冷たくなるという生物学的な性質のほうを分類の判断基準にしたんだよ。」

A君　「つまり概念の獲得は，学童期以前にもうすでに始まっているということですね。」

先生　「そのようだね。ピアジェとゲルマンとでは，概念の研究方法が異なっている。ピアジェの方法は，図3-2の3枚の絵を子どもに見せて，"よく似たもの同士をいっしょにして，2つのグループに分けてごらんなさい"と教示し，子どもの分類反応をみるものだね。どちらの方法が子どもの概念獲得をより説明しているかということが問題になるよね。おそらく子どもはピアジェが考え

ていた以上に精神面での発達が早く，すでに獲得している概念を学童期の経験を通してますます柔軟性と多様性，そして科学的な普遍性のもとに世界を体制化していくのじゃないかな（Markman, 1989）。」

第3節　道徳性の発達

　道徳性（morality）には，正誤，善悪の判断の問題が含まれる。社会が存続するために，何が許され，何が禁止されるのか，私たち社会を構成する成員にわかるルールを社会自身が持たなければならない。その意味からも，小学校時代における道徳性の発達には，児童が社会のルールを理解しそれにしたがうようになるための必要な方法が含まれている。

3.1　道徳性の発達に関する最近の研究

　A君　「道徳性に関する最近の発達研究には，どのような動向がみられますか。」

　先生　「そうだね。主として2つのカテゴリーに分けられるかな。1つは子どもの道徳の発達をその行為（moral conduct）から研究するもので，例えば，なぜ子どもはものを盗むのか，どのような子どもがけんかをしやすいのか，どのような要因が子どもたちの間の協調性を促すのか，といった問題を証明しようというもの。もう1つは，子どもの道徳の発達を，道徳の問題点や本質に関する知識や理解といった道徳の論拠（moral reasoning）から研究するもので，例えば，子どもは自分たちや他の人たちがすることについてどのように考えるのか，という問題を扱うものだね（Vasta *et al.*, 1999）。」

　A君　「道徳的行為およびその知識や理解には，子ども個人の発達の問題と社会からの文化的な伝承の問題とが含まれているように思いますが，この点はいかがですか。」

　先生　「道徳性の発達に関する研究の中心には，たしかにこの2つの論点があるね（Krebs & Van Hesteren, 1994；Wainryb, 1993）。1つ目の道徳的な考えや行動は，子どもの内にすでに準備されていて，発達とともにそれが出現してくるのか，あるいは文化の内にあって，それが子どもに伝承されていくのか

どうかという問題だね。これは，氏か育ちかの論争（the nature-nurture debate）を想起させられる。2つ目の問題は，道徳ルールの普遍性に関するもの。もし道徳性が子どもの側から出現するとすれば，文化を越えた生物学的な規制を持っているはずだよね。他方，もし道徳ルールが社会集団内部から発展するものであるとすれば，あくまで恣意的なものであって，文化間で異なったものに変化すると思われるね。」

3.2 道徳の発達に関する認知発達理論

A君　「"嘘をつくとえんま様に舌を抜かれる"とか，"嘘ついたら針千本飲ます"といった童歌が，子どもたちの間でよく使われますが，この嘘を含む善悪判断の基準は，発達とともに変化していくんでしょうか。」

先生　「発達心理学の分野では，認知発達モデルと社会学習理論とがあるんだよ。認知発達モデルは，子どもの道徳判断は，認知能力の発達によって影響されると考えるのに対して，社会学習理論は，強化や罰，観察学習（モデリングや真似，模倣）のような環境のメカニズムを強調しているね（第4節参照）。」

(1) ピアジェの認知発達理論

A君　「道徳の発達に関する認知発達モデルといえば，ピアジェの理論がすべての基礎になっていると思いますが。」

先生　「そうだね。道徳の発達に関するピアジェの理論は，彼のごく初期の研究から発展してきたもので，1920年代から1930年代にかけて，スイスのジュネーブの子どもたちを対象におこなわれたものなんだ。」

A君　「その研究方法は，ピアジェと子どもとの対話を通した臨床的方法によるのですか。」

先生　「基本には臨床的方法によると思うけれど，2種類の方法がとられているね。1つは自然主義的（naturalistic）アプローチ。この方法は，子どもが屋外で遊んでいるのを観察して，どのようにして彼らがゲームのルールをつくりあげていくのか，またどのルールが修正され，どのルールが無視されうるのかといったことを子どもに質問しているんだ。もう1つはより実験的な道徳ジ

レンマ (moral dilemma) のアプローチだね (Piaget, 1932)。」

A君 「道徳ジレンマとはどのような実験ですか。」

先生 「短い話を子どもに聞かせるんだよ。子どもは、その話の中に出てくる2人の人物のうちどちらがよりわんぱくであったかを判断しなければならないわけだね。話を1つ例示してみよう。子ども"B"は、彼の父親のインク壺にインクを一杯にしてあげようとしてつい誤ってテーブルクロスに大きなインクのしみをつけてしまいました。もう1人の子ども"C"は、遊んではいけないと言われていた父親のペンで遊んでいて、わざとテーブルクロスに小さなしみをつけました。さて、"B"と"C"のどちらがわんぱくでしょうか。」

A君 「どの子どもも"C"の方がわんぱくだと判断するのではないでしょうか。」

先生 「なぜそう思うのかな。子どももあなたのように判断するのかな。ピアジェは、子どもがルールにしたがう方法に焦点をあてて道徳の発達に関する4段階モデルを明らかにしているんだね。第1段階 (2〜4歳) は、子どもが道徳性の概念化を持っていない段階。第2段階 (5〜7歳) は、道徳の現実主義 (moral realism) とよばれる段階で、ピアジェはこの段階の特徴として次の2つをあげているよ。1つは、子どもの善悪判断がかたくななまでに客観的でかつ物理的な結果にもとづくということなんだ。」

A君 「すると先ほどのジレンマ状況では、5〜7歳の子どもは、たとえ手助けをしたとしても大きなインクのしみをつけた"B"のほうが、ルール違反した"C"よりもわんぱくだと判断するわけですね。」

先生 「そういうことだね。次にこの段階のもう1つの特徴として、ピアジェは内在する正義 (immanent justice) をあげているんだ。これは文字通り、たとえ見つからないとわかっていてもルール違反は罰せられるという判断です。例えば、誰も見ていない時に、ある子どもがクッキーを盗んだ。そして翌日の野球の試合に負けた。これは、クッキーを盗んだために罰せられたのだと判断するわけだ。」

A君 「なるほど。学童期前後の子どもは、いわゆる他律的道徳性 (heteronomous morality) の段階にいて、あくまで既存の規則を遵守するわけですね。」

先生 「まさに子どもの認識能力を反映した判断ということになるね。次の

第3段階（8〜11歳）になると，小学生は，社会の人びとによる同意のもとで互いに助けたり守ったりするためにルールがつくられるということを徐々に理解していくんだね。この自律的道徳性（autonomous morality）の段階は，私たちの道徳行為を評価する場合に，その人の動機や意図を考慮してルールを変えることもできると子どもが判断するようになることから，ピアジェはこの段階を道徳の相対主義（moral relativism）の段階とよんでいるんだ。」

A君　「先ほどのジレンマの話の場合，子どもの判断は，8〜11歳になると逆転して，たとえしみはわずかでも，ルール違反をした"C"の方がよりわんぱくだということになるのですね。つまり子どもの善悪判断の基準は，幼稚園時代から小学校時代へと社会的な経験を積むにともなって大きく変化するんですね。」

(2) コールバーグの理論

A君　「コールバーグ（Kohlberg, L.）は，ピアジェの理論をさらに発展させて，道徳の発達に関する有力な認知理論を提案しているそうですが，どのような方法によるのでしょうか。」

先生　「コールバーグも，ジレンマの話を子どもたちに提示しているよ。しかしわんぱくなのはだれかという単純な選択をさせているのではなくて，話の中の人物が"社会的ルールにしたがうか"あるいは"個人の利益のために社会的ルールを破るか"のいずれか一方を選ばねばならないというジレンマに子どもをおくんだよ。」

A君　「この研究で使われたジレンマの話を聞いたことがあります。たしか，ある貧しい男性が病気の妻の命を救うために，薬屋からお薬を盗むか，何もせず妻を死なせるか，どちらかを選択しなければならないというジレンマの話ですね。」

先生　「よく知っているね。そのようなジレンマの話に対して，それを聞いた子どもは，その人物が何をするべきなのか，なぜそのように判断したのかを求められるわけだね。その結果から，コールバーグ（Kohlberg, 1976）は，道徳の論拠を3つの予測的な水準（前因習的と因習的，そして後因習的水準）に分類し，その下位にそれぞれ2つの段階（社会的な見方と道徳の内容）を設定

表3-1　道徳の論拠に関するコールバーグの段階モデル
(原典は Kohlberg, 1976)

	社会的見方	道徳的内容
水準Ⅰ　前因習的水準		
段階1：他律的道徳性（道徳性は権力と権威に由来する）	子どもは，1人の視点からしか見られない。子どもは自己中心的で，自分の感情はすべての人が共有していると考える。	この段階は，ピアジェの道徳の現実主義と等価である。道徳性の評価は絶対的で，状況の物理的で客観的な性質を中心におこなわれる。道徳性は，権威者が決めたものなので，権威者のルールにしたがわねばならない。
段階2：個人主義と道具的目的（道徳性は自分自身のためになることに注意を傾けることを意味する）	子どもは，人びとが違った欲求を持っていることを理解する。この点から，子どもたちはたとえ他者の立場に自らをおくことがまだできなくても，他者は当然彼ら自身の興味にしたがうものだと思う。	道徳的行為は，それが個人の興味にかなうならば価値あるものとして理解される。子どもはルールにしたがったり，あるいはみかえりを得るためにたやすく仲間と協調したりする。社会的な相互作用は，具体的な報酬を含む取り決めとみなされる。
水準Ⅱ　因習的水準		
段階3：対人的同調（道徳性は相手に好かれることをすることを意味する）	他者の見方に立って状況をみることができる。相手との合意は，個々人の興味よりも大切であると考える。	多くの人が正しいと信じている行動に同調することが重要である。大切であると思う人びとが自分を認めてくれるためには，ルールにしたがうべきであると考える。人間関係は，「他者のためにしなさい」という教訓にもとづく。
段階4：法と秩序（正しいことは適法であること）	道徳性について，社会システムとそれを維持するのには何が必要かという視点から考える。社会の秩序を維持することのほうが，個々人の要求を満たすことよりも重要であると考える。	道徳性は法を厳守することと義務を遂行することとにもとづく。ルールは，すべての人に等しく適用されるものであって，対人間の葛藤を解決するための正しい手段であると理解される。
水準Ⅲ：後因習的水準		
段階5：社会的契約（人権は法に優る）	個人はすべて社会システムの中で生活しているという視点に立つ。人間は皆同じ価値や考えを共有するものではないが，すべての人が等しく存在する権利を有することを理解できる。	道徳性は，それぞれの個人の人権を保障することにもとづく。個人の人権を保障する社会システムを維持することが重要である。法は，個人の自由を制限するものではなく保障するためにつくられるものである。したがって，法は必要ならば変えられるべきである。社会を害する行動は，たとえそれが法に反しなくとも，間違いである。
段階6：普遍的倫理的原則（道徳性は個人の良心の問題である）	個人が持っている公平と正義に関する原則の視点から道徳的決断を考える。その人の考えや性格がどうであれ，個人の存在価値を尊重すべきであると考える。段階5から6への発達において，社会的指向から内的指向へと観点が変わっていくと考えられる。	人間の尊厳に関する正義と尊敬のような，法を越えた道徳性に関する普遍的な原則があると考える。人間の生命は，何よりも価値あるものである。

(注)　1.　第1段階から第6段階へと順に道徳の根拠は発達していく。
　　　2.　このモデルが重視するのは，各段階でどのように社会的な見方と道徳の内容とが相互作用するかという点である。

することで，道徳性の発達に関する理論的モデルを構築しているんだ（表3-1参照）。現実には児童は少なくとも，因習的な水準の段階4までは進むことが報告されているよ。」

第4節 同一視と社会的ルールの獲得

(この節についても，第1章も参照のこと。)

4.1 モデリング理論

A君　「小学生の時，あこがれの先生の癖までも無意識的に学習していて，先生と同じスタイルで板書した時のことを思い出します。」

先生　「その先生は，学級の児童から有能なモデルとみなされていたんだね。このような観察学習をバンデューラ（Bandura, A.）はモデリングとよんでいるんだ。この理論の特徴は，社会的文脈の中で成立する学習で，自発的能動的な観察学習（他者の行為をただ観察するだけでそれを自分自身の内に取り入れていく学習）を通して，非常に効率よく人間の行動発達の可塑性を説明できるところにあるわけだよ。」

A君　「学習モデルは，両親や教師ですか。」

先生　「両親や教師は，子どもたちにとって重要なモデルとなるけど，その他に架空のモデルや理想の人物，テレビやコミック誌も子どもの行動に大きく影響するね。」

A君　「とくに攻撃行動は，子どもに模倣されやすいということを聞きました。」

先生　「そうだね。バンデューラの初期の研究は，暴力場面の映像（図3-3の上段）を見せられた子どもが，モデルの攻撃行動を再現できる機会を与えられた場合に，非常に正確にモデルの攻撃行動をまねることができること（図3-3の下段）を示したものなんだ（Bandura, 1965）。この研究結果は，テレビの暴力シーンが子どもの攻撃行動に潜在的な影響をおよぼすということを研究していた人たちに影響を与えて社会的な問題にまで発展しているんだ。」

A君　「この図の上下段を対比較すると，子どもが上のモデルの行動をそのまま再現していることがわかります。モデルの存在そのものが，直接ほめられたりあるいは怒られたりしなくても（直接的に強化がなくても），子どもの行

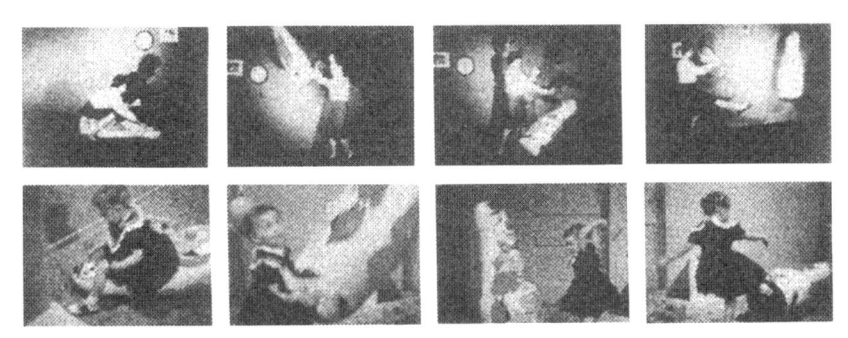

図 3-3 攻撃行動のモデリング学習（Bandura, 1965）
上段：モデルが人形に攻撃を加えている映像
下段：子どもが上段のモデルの攻撃行動を非常に正確にまねしている場面

動に取り入れられていく（モデリング）んですね。」
　先生　「そこが，この理論の特徴だね。代理強化とよばれているもので，子どもが直接社会的な強化をうけなくても，例えばクラスの仲間が先生（モデル）にほめられているのを観察するだけで，他のクラスメイトにその行動が代理的に経験されていくんです。逆にクラスのだれかが先生に怒られていると，他のクラスメイトにも代理的な罰が学習されて，行動の抑制に働くといわれているよ。」
　A君　「たしかに日常生活においては，非常に効率の良い学習ですね。」
　先生　「ただ観察学習は，子どもが直接的というよりもむしろ代理的に社会的な文脈の中で状況の成り行きを経験するという特徴を除くと，スキナーのオペラント学習と同じであると考えられているんだよ（Vasta *et al.*, 1999）。」

4.2　モデルの役割と社会的な問題行動

　A君　「私自身の学童期を振り返ってみても，宇宙飛行士やスポーツ選手，学校の先生というように，あこがれの人や像をモデル化して，私もあの人のようになりたいと思ったことを思い出します。」
　先生　「子ども時代はとくに，モデルへの同一視群がいっぱい子どもの中に形成される時期だといえるね。この同一視群は，ごっこ遊びのような遊戯性を持ち，空想的で，いつでも取り消すことが可能であるといわれているけど，次の青年期のアイデンティティの確立を考えると，その基礎材料を提供するとい

う意味で社会的なモデルの役割はきわめて重要であるといえるね。」

A君　「子どもは，まさに親（モデル）の背中を見て育つわけですね。」

4.3　罰の効果と副作用

A君　「両親あるいは先生が，子どもに罰を与える場合，その多くは，良くない行動が再度繰り返されないようにと願っておこなう行為であると思うのですが，最近では，罰を与えることそれ自身が難しい時代になってきていると感じます。」

先生　「罰を与えることは，たしかに望ましくない行動を減じるのに効果があるんだね。しかしながらその主効果の裏に，予期せぬ副作用が生じる可能性も指摘されている（Vasta *et al*.,1999）。まず，限度を超えて罰を強く与える場合，子どもの内面に攻撃性や別の感情的な行動が誘発されることが考えられるんだね。」

A君　「別な感情的な行動とは，例えば泣き叫びや癇癪，頭を打ちつけたりする自傷行為などでしょうか。」

先生　「その通り。第2に，罰を与える人と罰が密接に連合して，その人と関わることを避けるようになる可能性もある。第3に，罰は問題のない行動も含めて子どもの反応全体を減じることも考えられるね。」

A君　「問題のない行動とは，直接罰を受けた行動以外のもの，という意味ですか。」

先生　「そうだよ。例えば学級の中で後ろを向いて話をしていた子どもを先生が罰したとしよう。そのことがその子どものクラス内での言語的な行動全体を抑制するかもしれないよね。第4として，親から罰をよく与えられる子どもは，親をモデルとして，攻撃的な行動をまねることが報告されているんだ。」

A君　「先ほど学習した攻撃行動のモデリングですね。」

先生　「第5として，罰は子どもが悪いことをしたことだけを教えて，その代わりに何をすべきかを教えないので，教育のための良い道具ではないといえるね。最後に罰は，癖になる性質を持っている。つまり罰は一時的に子どもの望ましくない行動を終わらせることができるので，別の方法に気づかずに，親は，罰に頼ってしつけをするようになるというものだよ。」

A君　「罰そのものが持つ性質は，子どもへの虐待の問題も含めて考えねばならないのですね。」

先生　「罰を与えるタイミングや程度，さらには心の連帯感が親子関係で十分形成されているかどうかも関係してくるから，罰は常に，両親や先生が子どもに身につけてほしいと思う適切な行動への強化と連携させて使う必要があると思うね。」

第5節　小学校時代の自己概念と友人関係

保存や概念の獲得と並行して，子どもは自己を発見していくようになる。この自己認識の深まりは，同時に自分以外の他者認識，とくに友人関係の発展を促していく（この節についても，第1章も参照のこと）。

5.1　自己認識（self-awareness）と他者認識（other-awareness）

A君　「小学校時代はよく，友人関係をめぐって，学級の中でトラブルが絶えなかったように思います。」

先生　「保存の獲得や概念の活用といった認知面の発達は，子どもがより客観的に物事を知るようになる（脱中心化）ことを意味するんだけど，そのような発達が，学級集団の中の友人関係のあり方と個々人の内面的な自己発見の過程にも少なからず影響を与えているんだね。表3-2は，ピアジェの発達段階と子どもの自己記述を対比させたものだよ。」

表3-2　ピアジェの3発達段階に代表される子どもの自己記述の変化（Vasta *et al.*, 1999に加筆）

発達時期	ピアジェの段階	自己記述の内容	事例
保育園 幼稚園時代	前操作期	身体的特徴，所有，嗜好	"私にはそばかすがある" "私のネコは白い色をしている" "私はピザが好き"
小学校時代	具体的操作期	行動的特性と能力，感情，成員関係	"私は歌がうまい" "私は幸せな子ども" "私はチアリーダーのメンバー"
中学校 高等学校時代	形式的操作期	態度，人格属性，信念	"私は愛国主義者" "私は人を説得できる" "私は平和を愛する"

A君 「発達的な流れの中で小学校時代の自己記述内容をみると，成員関係が自己の中で大きい割合を占めていることがこの表からもうかがえます。」

先生 「そうだね。この表をみると子どもの自己認識が主観性の強い幼児期から徐々に客観的な色彩の濃い児童期を経て抽象的になっていく過程がわかるね。児童期の基本的な欲求にも，社会的な仲間からの承認の欲求が比重を強めていくんだよ。」

5.2 学童期の社会的な世界

A君 「私自身小学校6年生で転校した経験がありますが，転校前の友人関係が解消されるのが心理的にとても耐えがたかったことを記憶しています。」

先生 「小学校の高学年は，"ギャング・エイジ（徒党時代）"とよばれるように仲間意識が高まるんだ。何をするにもいっしょで，同性の強力なリーダーのもとに閉鎖的でかつ強固な仲間集団をつくるんだね。だから，その集団から出ることも，また転校先で新しい集団に入ることも心理的に難しいわけだよ。子どもは，仲間からの評価を通して，社会的な性役割の基準や対人関係を身につけていくといわれているね。」

A君 「最近流行の"ハリー・ポッター"の世界は，まさに11歳を迎えたばかりの主人公を中心に友人関係の大切さを勇気と信頼をテーマに描かれてい

表3-3 学童期を中心とした子どもの友人関係の段階モデル（Damon, 1977）

段階水準	記述	典型例
水準1（5〜7歳）	友達は自分にとって良い仲間で，いっしょに遊ぶのが楽しい。友人関係は一時的で簡単につくれるし，簡単にやめることができる。	彼はいっしょに遊ぶしたくさんおもちゃをくれるから友達。彼女は，私がおうちへ誘っていっしょに遊ぶから私のことが好き。
水準2（8〜10歳）	友達は，相互信頼の関係の中で互いに助け合う人たち。友達は，単によく遊ぶからだけではなくて，性格がどうであるかによって選ばれる。	友達は，例えば私が自転車で倒れた時，助けてくれる人。お互いに友達のためにいろいろとするし信頼し合える人。
水準3（11歳）	友達は，互いに理解できて思考や感情を分かち合える人。友達関係は，興味や性格が一致していることによって長くつき合っていく関係。	悩みや問題を話せる人で私を理解してくれる人。お互いに同じようなものが好きで，それぞれが自分の要求を言い合える人。

ますね。」
　先生　「魔法の力を借りて自己概念を発達させるスタイルは，子どもたちにはとくにうけ入れやすいものなんだろうね。表3-3は，学童期の友人関係をモデル化したものだよ。参考にしたらいいね。」

> ### 第3章のキーワード
>
> 潜在期，性差の逆転現象，発達加速現象，心理社会的危機段階，有能性対 劣等感，効力感，発生的認識論，具体的操作期，保存，可逆性，同一性，相補性，帰納推理，対象の一般化，概念，情報の圧縮，クラス包摂，認知的葛藤，知覚的類似性，道徳性，善悪の判断，氏か育ちかの論争，認知発達モデル，社会学習理論，観察学習，モデリング，臨床的方法，自然主義的アプローチ，道徳ジレンマ，他律的道徳性，自律的道徳性，前因習的水準，因習的水準，後因習的水準，同一視，アイデンティティ，代理強化，攻撃行動，罰の効果，モデルの役割，自己認識，ギャング・エイジ

【参考文献】
Bandura, A.　1965　Influence of models' reinforcement contingencies on the acquisition of imitative responses. *Journal of Personality and Social Psychology*, **1**, 589-595.
Damon, W.　1977　*The social world of the child*. San Francisco: Jossey-Bass.
Erikson, E.H.　1963　*Childhood and society*. New York: Norton.
Gelman, S.A., & Markman, E.M.　1986　Categories and induction in young children. *Cognition*, **23**, 183-209.
Kohlberg, L.　1976　Moral stages and moralization: The cognitive-development approach. In T. Likona (Ed.), *Moral development and behavior: Theory, research, and social issues*. New York: Holt, Rinehart and Winston.
Krebs, D.L., & Van Hesteren, F.　1994　The development of altruism: Toward an integrative model. *Developmental Review*, **14**, 103-158.
Markman, E.M.　1989　*Categorization and naming in children: Problems of induction*. Cambridge: MIT Press.
Piaget, J.　1932　*The moral judgment of the child*. London: Routledge & Kegan Paul.
Piaget, J., & Inhelder, B.　1969　*The psychology of the child*. New York: Basic Books.
Piaget, J., & Inhelder, B.　1974　*The child's construction of quantities*. London: Routledge & Kegan Paul.
Vasta, R., Haith, M.M., & Miller, S.A.　1999　*Child psychology: The modern science* (3rd ed.)

New York: John Wiley & Sons, Inc.

Wainryb, C. 1993 The application of moral judgments to other cultures: Relativism and universality. *Child Development*, **64**, 924-933.

第4章

中学生時代

　小学生から中学生になるころ，身長や体重の身体の形態的変化と質的変化（性的成熟）が自分の意志とは無関係に生じ，もはや子どもでないという自覚が生まれてくる。また知的発達も頂点に達する。知的発達により自分自身や具体的事物の体験を離れた思考が可能になり，自分とは何か，どういう生き方をしたらいいのかなど，悩みも生じてくる。さらにこの年代は心理的離乳期ともいわれ，親子関係や友人関係にも変化が生じ，その上異性への関心が生じてくる時期でもある。以上のように中学時代は身体的・生理的，社会的変化の危機でもある。危機（クライシス）とは分かれ道でもあり，うまく乗り切れば成長へつながり，うまく課題を乗り越えることが難しい場合にはいろいろな問題が生じることもある。

第1節　中学生の発達特徴

1.1　急激な身体発達と性的成熟（大人の身体へ）

　A君　「中学生のころを思い返すと身体の変化については説明できますが，心のことになると言葉で説明できにくいところがあります。ところで先生，思春期と青年期という言葉がありますが，その違いがあるんでしょうか。」

　先生　「心理学では思春期（puberty）という言葉は，身体的・生理的発達の特徴を，つまり心理・生理的変化を強調する時に用いられ，青年期（adolescence）は心や社会性の変化を，つまり心理・社会的変化を強調する時に用いられることが多いね。」

　A君　「そういえば小学校の中学年のころは男子のほうが体が大きかったの

が，5，6年のころから女子のほうが大きくなり，身体も大人びて見えたのですが。」

先生　「たしかにそうだね。毎年健康診断や体力測定をやっていたでしょう。表4-1をみてくれないかな。それらの詳しい結果は青少年白書にも載っているけど，小学校5年（10歳）から11歳までは女子のほうが2cm近く高くて，表からは読みとれないけど，中学1年（12歳）では逆転しているんだよ。大体女子のほうが男子に比べて2歳ほど早く成長しているね。」

A君　「女子のほうが早く子どもの身体から大人の身体に変化していると感

表4-1　身長・体重の平均値の年代推移

(単位：身長cm，体重kg)

	年	6歳	8歳	10歳	13歳	16歳
身長（男）	1950	108.6	118.4	127.1	141.2	159.3
	1960	111.7	121.9	131.6	148.1	163.6
	1970	114.5	125.5	135.3	154.0	166.6
	1980	115.8	126.9	137.3	156.9	168.9
	1990	116.7	127.9	138.3	158.6	169.6
	2000	116.7	128.1	139.1	160.0	170.1
身長（女）	1950	107.8	117.6	126.6	142.5	151.8
	1960	110.6	121.1	132.0	148.1	153.3
	1970	113.6	124.6	136.2	152.1	155.4
	1980	114.9	126.2	138.3	154.0	156.9
	1990	116.0	127.3	139.5	154.8	157.6
	2000	115.8	127.5	140.3	155.1	157.7
体重（男）	1950	18.5	22.4	26.4	35.1	49.9
	1960	19.1	23.2	28.0	39.3	54.1
	1970	20.1	25.0	30.5	43.7	56.7
	1980	20.8	26.0	32.4	46.7	59.2
	1990	21.5	27.0	33.7	48.7	60.6
	2000	21.8	27.7	35.1	50.4	61.2
体重（女）	1950	17.9	21.8	26.0	36.9	47.7
	1960	18.5	22.7	28.2	41.5	49.6
	1970	19.5	24.4	31.0	44.9	51.7
	1980	20.3	25.5	32.6	46.5	52.2
	1990	21.0	26.4	33.9	47.4	52.5
	2000	21.3	27.0	34.9	48.3	53.0

（文部科学省，2001より作成）

じました。僕の場合，声変わりや恥毛やヒゲが生えてきたり，小学校の保健の授業で習っていたとはいえ，ずいぶんとまどいました。第2次性徴ということを聞きましたが，男子や女子の場合どういった順序で生じてくるのですか。上に姉がいましたが，親にも聞きにくくて困りました。」

先生　「図4-1，4-2をみてみよう。大人への兆しを初潮（月経）や精通（射精）におくと，図4-2より，女子のほうが早いことがわかるね。初潮は小学6年で6割を超え，中学2年で9割を超えている。一方射精は小学6年で2割，中学3年で7割を超えている。これらの成熟は生殖が可能になりつつあることを示しており，つまり，妊娠の可能性もあり，性教育などが大切になってくることもわかるよね。それについては後で取り上げよう。ところで君のお父さんは何歳かな，君の身長とどう違うかな。」

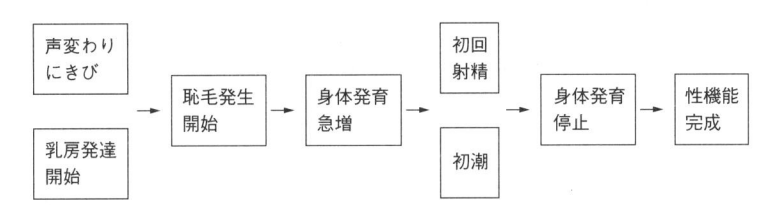

図4-1　思春期の身体発達の順序（玉田，1986）

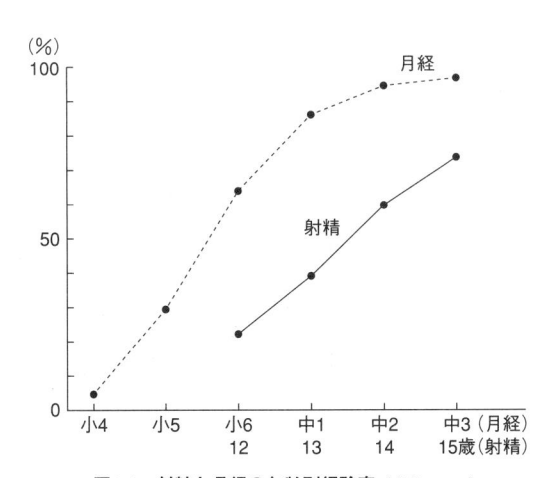

図4-2　射精と月経の年齢別経験率（齋藤，2002）

1.2 発達加速現象

(これについては，第1章も参照のこと。)

A君　「たしか，父は166cmで，僕が171cmです。年齢は昭和30年生まれですから48歳です。」

先生　「明治以後の身長や体重の変化をみた場合，戦後の経済復興とともに，年々その成長が早くなっているね。表4-1の1960年（昭和35年）と2000年（平成13年）の13歳と16歳の身長を比較すると，男子は148.1cmから160.0cmへと11.9cm，163.6cmから170.1cmへと6.5cm，女子は148.1cmから155.1cmへと7cm，153.3cmから157.7cmへと4.4cmそれぞれ身長が伸びていることがわかるよね。君のお父さんは1970年の調査に近い年齢なので，当時の平均身長であることがわかるね。しかしここ5年くらいは170cm台で頭打ちの状態になっている。図4-3をみてごらん。図4-3は欧米諸国における1800年代からの初潮年齢の年次推移だけど，これから年々生殖可能性が早くなっていることがわかるんだよ。こうした異世代間での身体発達速度の相違を一般的に発達加速現象とよんでいるんだ。発達加速現象には新生児から成人に達するまでの身長や体重などの量的な増加傾向の発達促進現象，初潮や精通などの低年齢化の発達前傾現象がある。その他にも発達勾配現象という，都市部の青少年の発達が郡部の青少年よりも促進したり，前傾化していることもあげられる

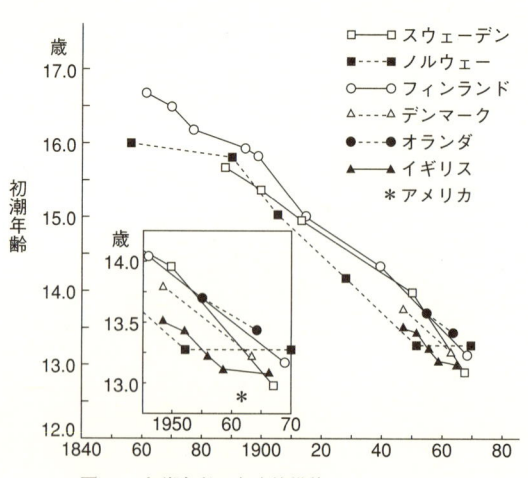

図4-3　初潮年齢の年次的推移（Tanner, 1978)

ね。その理由として食生活や住環境の向上，都市化による刺激などが考えられているんだよ。」

A君　「なるほど，そうすると，発達加速現象により思春期，つまり青年期の始まりが早くなっているといえますね。その一方で最近は平均結婚年齢が28歳くらいと前よりも遅くなっていますが，青年期はいつまで続くんですか？」

先生　「君の言うように青年期の始まりが早くなり，一方で青年期の終わりは大学卒業後2年ほどの24, 5歳までといったものが今では30歳ぐらいまでというように延びているね。それはモラトリアムの延長や青年期の延長といわれているんだ。」

1.3　知能の開花期（論理的，抽象的思考）

先生　「思春期には身体の急激な成長に代表される形態的な変化や性的発達が自分の意志に関係なしに起こってくるので，いろいろな悩みを抱えることになるよね。しかし思春期には親子関係にも変化が現れ，親などにも悩みを話すことに抵抗が出てくるね。こういった親子関係や友人関係などの変化については後でまた取り上げるけど，A君は小学校のころの考え方（思考法）と中学に入ったころからの考え方に変化が出てきたと感じなかったかな。例えば今言った親への見方の変化としては，これまでと同じことを言われても何だか腹が立ったりするとか，その他にも理屈っぽくなったと親に言われたり。」

A君　「たしかにそう言われたことがありました。ヘ理屈ばかり言うとか。それと関係すると思いますが，学校では算数，中学からは数学でずいぶんと教科書の内容が変わり，難しくなったと感じたんですが。」

先生　「よいところに気がついたね。学校の勉強は生徒の知的発達に応じて内容が段々高度になっていくんだね。ピアジェ（Piaget, 1966）は思考（知能）の発達を感覚運動的操作期（0～2歳），前操作期（2～7・8歳），具体的操作期（7・8歳～11・12歳），形式的操作期（11・12歳～）に分けているんだ。形式的操作期の特徴は具体的事物なしに，言葉や記号を用いて論理的思考をおこない，また仮説を立てこの場合はどうなるかなど演繹的な思考も可能になるんだよ。A君も，自分にふさわしい人生とは何かなど，子どもの時とは違った

考えをするようになったのではないかな。」

A君　「そうですね。算数の時は鶴亀算というように具体的な名前で問題が出ていました。中学に入り数学を習うようになると，x, yとか方程式がたくさん出てきたり，さらに代入するとかずいぶんと違ってきて難しくなったと感じました。」

先生　「具体的な事物だと考える範囲が限られてくるけど，記号などに置き換えたり，友情とか愛とか，人生とは，といった，経験を離れた抽象的なことも形式的操作期においては考えることができるようになり，幅や深さができてくるんだよ。」

1.4　自我の芽生え

A君　「小学6年の終わりごろから中学1年にかけて，親から勉強しなさいと言われると，自分のことを親が決めているように感じ，反発したくなったのを覚えています。それまでは自分のことを思って言ってくれていると感じ，それほど嫌とは感じなかったのですが。」

先生　「これまで話し合ってきたように，思春期になると大人の身体に近づき，そして，知的には仮説演繹的思考が可能になるよね。そして，主体としての私（I〈アイ〉）が客体としての（me〈ミー〉）を対象化して考えることができるようになり，理想的な自分と実際そうでない自分に気づき，自己嫌悪したりするようになるわけだね。そして，これまで親や教師の言うことを絶対視し無批判的に取り入れた生き方から，自分にとってふさわしい生き方を漠然とながら考えるようになるんだ。でも中学時代はまだこれまで自分を育ててくれた親や教師に対して感情的な反発が強く，本格的に自分の生き方を模索していくのは，次章の高校時代の課題になるね。」

1.5　準拠集団の変化——親子関係から友人関係へ——

A君　「小学生のころまでは親や教師など年長者の判断を取り入れていましたが，段々と仲間や友人，そして自分自身の考えが基準となるようになりました。性の悩みなど仲間の話を聞いていると自分だけでないと安心しました。同性の気の合う仲間がたくさんいたから助かりましたが，もしいなかったら困っ

ていたと思います。」

先生　「思春期の真っただ中にある中学時代は心理的離乳期あるいは第2反抗期ということを知っているよね。反抗期だからといっていつも口をきかないとか反抗ばかりしているのではなく，時には甘えたり，親に頼ったりしている。それがお互いの根底に信頼感がある健全な関係だけど，親は時には子どもが反抗してくるかと思えば，逆に甘えて依存してきたり，口をきかなくなったり，何を考えているのかわからなくて困ることも多いようだね。」

A君　「中学のころを思い出すと，親よりも仲間との約束が一番大事で，それが基準になっていましたね。両親は結構ものわかりがよく，自分のことを理解してくれるんですけど。」

先生　「子離れできない母親が増えてきた，ということが話題になってもう10年以上たったけど，それより以前は，乳離れできない子どもが問題視されていたんだ。このことは，以前は親に依存的で自立しようとしない子どもが多数派だったが，今は子どもが自立すると親が生きがいを失い，いつまでも子どもにしがみつくという世相を反映しているのかもしれないね。」

1.6　自己開示について

A君　「マスコミの調査などによると，最近の親子は友達のようだとか，あまりぶつからないとか，良好な親子関係の調査結果が出ていますが，どう思われますか。」

先生　「自己についての個人的情報を，どれだけ，誰に与えるかをジェラード（Jourard & Lasakow, 1958）は自己開示と名づけているけど，彼の方法を参考にして加藤（1987）は中学生，高校生，大学生に調査をおこなっている。その調査によると中学生，高校生とも男女の得点はかなり低く，自己閉鎖的にみえるのだが，女子のほうが開放性が高く，さらに友人に対して高校生が高く出ているという結果が出ているんだね。しかしこの調査は20数年前の調査だから，比較の対象は違うけれど，NHK（日本放送協会）が1982年から5年ごとにおこなっている結果を図4-4に示してみよう。それによると友達に相談する率が減り，母親に相談する率が高くなっているね。気になるのは相談する人がいない率が数は少ないのだけれど増えていることだね。思春期にはいろいろ

な課題に直面する。そういう時は友達や親や先生に話すことによって問題の整理になり，どうすればよいかわかることが少なくないんだよ。それでは，中学時代の課題にはどういうものがあるかな。」

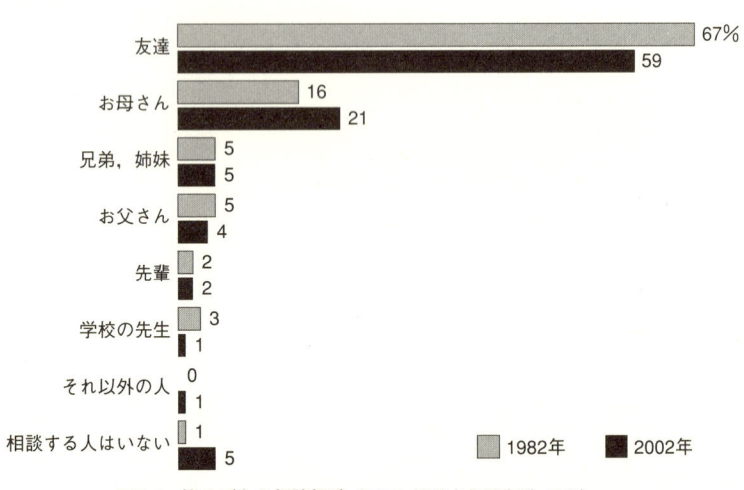

```
友達                    67%
                        59
お母さん          16
                 21
兄弟，姉妹    5
             5
お父さん       5
             4
先輩         2
            2
学校の先生    3
            1
それ以外の人  0
             1
相談する人はいない 1
                  5

■ 1982年   ■ 2002年
```

図4-4　悩みごとの相談相手（NHK, 放送文化研究所, 2003）

第2節　中学時代の発達課題

2.1　中学時代の発達課題

A君　「中学時代の特徴は，①急激な身体発達，第2次性徴の発現，②大きな個人差，③知的発達による記号を用いた思考や仮説演繹的な思考，④社会性の発達の変化，⑤自我の芽生え，にまとめていいでしょうか。そうするとそれらに対して対応できることが発達課題ということになるんでしょうか。」

先生　「発達課題を中心に考えた青年心理学者として，ハヴィガースト（Havighurst, 1953）や精神分析のエリクソン（Erikson, 1959）がいるよ。両者とも人生をライフサイクルとして捉え，それぞれ10，8と，段階は違うけれど，それぞれ発達課題をあげているんだ。思春期・青年期の発達課題を表4-2，図4-5に示しているが，ハヴィガーストはわかりやすい具体的な外的課題で，エリクソンは抽象的な内的課題で表現しているという違いがあるね。」

表4-2 ハヴィガーストによる発達課題 (Havighrust, 1953)

●青年期の発達課題
1. 同年齢の男女との洗練された新しい交際を学ぶこと
2. 男性として，また女性として社会的役割を学ぶこと
3. 自分の身体の構造を理解し，身体を有効に使うこと
4. 両親や他の成人から情緒的に独立すること
5. 経済的な独立について自信をもつこと
6. 職業を選択し準備すること
7. 結婚と家庭生活の準備をすること
8. 市民として必要な知識と態度を発達させること
9. 社会的に責任のある行動を求め，そして，それを発達させること
10. 行動の指針としての価値や体系を学ぶこと

老年期	VIII								統合 対 絶望
成年期	VII							世代性(生殖性) 対 沈滞	
前成年期	VI					連帯 対 社会的孤立	親密 対 孤立		
青年期	V	時間展望 対 時間拡散	自己確信 対 アイデンティティ意識	役割実験 対 否定的アイデンティティ	達成の期待 対 労働麻痺	アイデンティティ 対 アイデンティティ拡散	性的アイデンティティ 対 両性的拡散	指導性の分極化 対 権威の拡散	イデオロギーの分極化 対 理想の拡散
学童期	IV				勤勉性 対 劣等感	労働同一化 対 アイデンティティ喪失			
遊戯期	III			自主性 対 罪悪感		遊戯同一化 空想アイデンティティ			
幼児期初期	II		自律性 対 恥，疑惑			両極性 対 自閉			
乳児期	I	基本的信頼 対 基本的不信				一極性 早熟な自己分析			

図4-5 アイデンティティの発達図式の中での青年期の位置づけ (下山, 1998)

2.2 中学時代の3つの発達課題

A君「今，思春期・青年期の一般的発達課題について述べられましたが，先生からみて中学時代の重要な発達課題はどういうものですか。」

先生「重要な課題がたくさんあるけど，私は，①身体や性的成熟への適応への課題をまずあげたいね。身体的・性的成熟は正常な現象で，それが生じないほうが病的現象なんだ。そういった変化に適応できるようになるためには，

性教育だけでは十分ではない。それには、②の課題となる同性の友人関係がつくれることも重要なんだね。10歳前後のギャング・グループの形成から、思春期にはチャム・グループ（chum-group）の仲間づくりが大切になってくる。準拠集団が親から友人に変化してくるから、そういう仲間がいないとそれらの不安に対して対処することが難しくなってくるわけだ。チャム・グループは、同じ興味・関心やクラブ活動などを通じてその関係が結ばれる。そのため、そのグループだけで通じる隠語、皆といっしょにいることが仲間集団の絆となるわけだね。思春期の仲間関係の約束は当然親との約束以上に重要であり、それが優先される。女子中学生などにみられるトイレまでいっしょというのは「私たち同じね」の確認でもあるので、無視できない絆なんだよ。③の課題として、自我の芽生えの時期と言ったけど、私は、「秘密を持てる」ことが大切な課題ではないかと考えているんだ。中学生のころは親に何も話さなくなり、また親からいろいろ尋ねられるとうるさいと反発するけど、それも秘密と関係しているんじゃないかな。つまりこれまでは自分たちのモデルであった親や教師は、自分たちに意見を押しつける権力者となり、それらの生き方とは違ったものを探さないといけないわけだ。それゆえ自分の大切な考えなどをのぞかれるのは、自分の秘密を知られることに通じるのではないだろうか。だから、親は何も話さなくなったと嘆く必要はなく、成長していると考える必要があるね。以上の3つが中学時代の課題ではないかと思うけど、A君この考え方に対してどう思うかな。」

A君　「それではそういう課題に対して、どのように支援したらよいでしょうか。また最近中学生は切れやすいということをよく聞くようになりましたがそれはどうしてですか。」

第3節　中学時代の悩みとその支援

3.1　悩みとストレス、その解決方法

先生　「よく日常会話の中で悩みとかストレスという言葉が出てくるけど、ストレスとはどういう意味かわかるかな。」

A君　「ストレスは、受験のストレスなど、何かプレッシャーと関係がある

ように感じます。」

先生　「不安とか欲求不満があり，その解決方法がわからない時に感じる体験を悩みというよね。ストレスはもともと物理学の用語であったのを，有名な生理学者のセリエ（Selye, H.）が生体に外部からの刺激が加わった時に生体内に生じる機能的，器質的反応をストレスとして表現し，ストレスを引き起こした刺激をストレッサーとよんだものなんだ。ストレッサーには，生物学的・物理学的・化学的・心理社会的（人間関係など）ストレッサーがあるけど，今日では心理社会的刺激をストレスとよぶことが多いようだね。また前田（1978）は精神分析的力動心理学の立場から適応と不適応のあり方を図4-6のように示している。適度な不安やストレスは人間をきたえ強くすることから，人生のスパイスともいわれているね。」

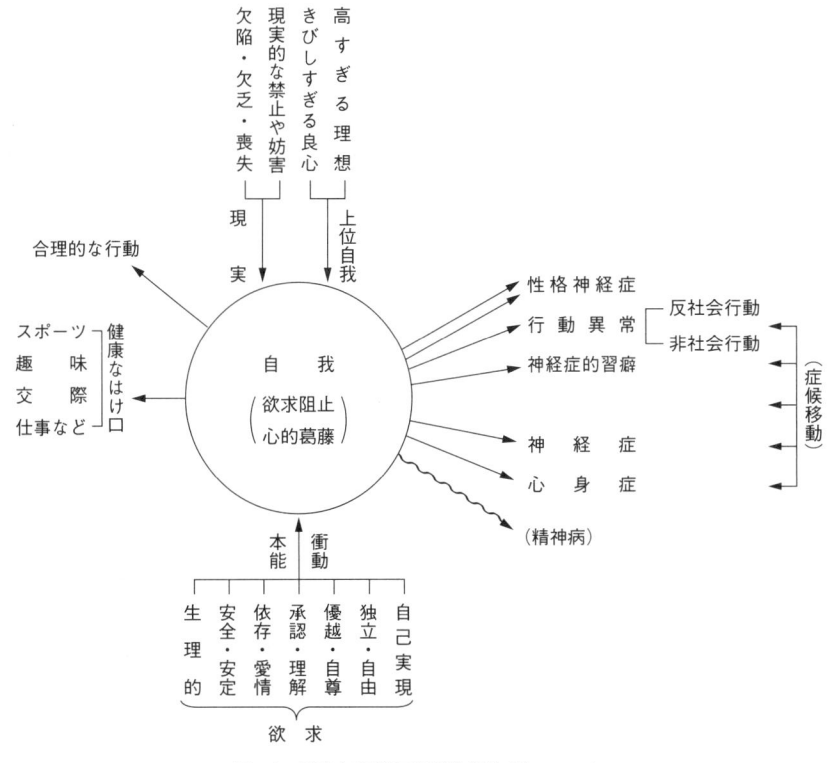

図4-6　適応と不適応の精神力動（前田，1978）

A君　「図4-6ですが、これではよくわかりませんのでわかりやすく説明してください。」

先生　「精神分析の構造論は、心をエス（無意識）、自我、超自我の3つの領域に分けているのは知っているよね。自我は心の中にある無意識の欲求を、自分のおかれた現実状況を考え、さらに自分自身の中にあり自我を監視している道徳観や理想などの超自我を視野に入れながら、どういう行動をすれば自分にも他人にも調和でき適応できるかということを判断しながら行動していることになる。それが図左側の合理的な行動や健康なはけ口になり適応行動になるわけだね。しかし不安の原因となることがはっきり自覚できない場合やその欲求不満や脅威が大きすぎる場合、右側にあるような不適応の行動になる。笠原（1981）は病的不安に対する3つの解決方法として、①体験化の方向、②身体化の方向、③行動化の方向をあげているよ。体験化とは何かを主観体験として悩むことになる。例えば強迫神経症（強迫性障害）を例にとり説明しよう。自分でばかばかしいとわかっていても、トイレに行った後何度も手を洗わないとばい菌がついている気がしてやめることができない例もある。自分で効果がないとわかっていながら手を10分以上洗ったりするんだ。精神分析は、不安に対する防衛の観点から、本当の不安を意識化すると自我が破局に陥るので、それを防ぐために置き換えという防衛機制を使って防いでいる、と理論化している。本来の悩みではなく、別の置き換えられた症状について悩んでいるということで、体験化という方向になるんだね。次に、②身体化ということだけど、これは主観体験であるところの不安を、身体の症状にして決着をつける方向だ。その場合、身体症状という2次的悩みは生まれても、心理的悩みそれ自体はほとんど自覚されなくなる。今日ストレス病とか心身症といわれ、常識になっているけど、胃潰瘍とか十二指腸潰瘍などがある。そして最後に、③行動化の方向で、中学生であれば、ふだんおとなしく問題がなかった生徒が、教師の何げない注意に反発してナイフで刺してしまったりする行動が当てはまる。最近キレる中学生ということで注目されているけど、そういった例も行動化に当てはまるね。またその原因として、欲求不満耐性の弱さや、自分が傷つくことを認めたくないことも指摘されているんだよ。」

A君　「少子化、物の豊さ、小さいころから人と遊ばずテレビゲームで過ご

した中学生は，イメージの中では何でもできるという万能感を持っており，できない自分を認めたくない気持ちが強いと思いますね。1997年神戸での幼児連続殺害事件の少年は14歳，2003年の長崎の4歳児を殺害した少年は12歳で，成績が良いということで学校ではほとんど気がついていなかったですね。それらは特別なケースというわけではないと思います。先ほど先生のあげた3つの課題についてどのようにしたら，その人の発達を助けることができるんでしょうか。」

3.2 性と異性関係の支援

先生　「思春期の身体の急激な発達や第2次性徴の発現は，本人の意志に関係なしに生じるんだよ。そしてそれらは，①急激で変化が激しいこと，②個人差が大きいこと，早熟な子と奥手（晩熟）な子，③自我の芽生えと対人的敏感さなどを招き，その時期の子どもたちは心理的・情緒的不安を感じるのは当然といえる。そのような不安に対して，性教育は重要な役目を果たすんだね。斎藤（1990）は表4-3に示す性的成熟の発現に対する心理的受容度を調査し，その結果からそれらの教育が学校や家庭でおこなわれていることを示しているよ。日本性教育協会は，1974年から今回の1999年とほぼ6年おきに，5回にわたって青少年の性行動全国調査を実施している。性行動（デート，キス，セックス）の低年齢化は指摘されているけど，ここでは異性とのつき合い，恋人との性行動の経験率などの調査結果を示し，どのような支援が必要か考えてみ

表4-3　性的成熟の発現に対する心理的受容度 （斎藤, 1990）

人数（％）

心理的受容度	男子			女子		
	変声	恥毛の発毛	精通	乳房の発達	恥毛の発毛	初潮
大人になれて，とてもうれしかった	2(2.9)	4(4.4)	1(2.5)	8(11.6)	5(7.0)	11(15.7)
大人になるうえで当たり前だと思った	18(26.1)	34(37.8)	19(47.5)	12(17.4)	11(15.5)	14(20.0)
別に何とも思わなかった	39(56.5)	31(34.4)	12(30.0)	40(58.0)	27(38.0)	13(18.6)
いやだったが，しかたがないと思った	7(10.1)	17(18.9)	5(12.5)	8(11.6)	22(31.0)	27(38.6)
とてもいやで，できればそうなってほしくないと思った	3(4.3)	4(4.4)	3(7.5)	1(1.4)	6(8.5)	5(7.1)

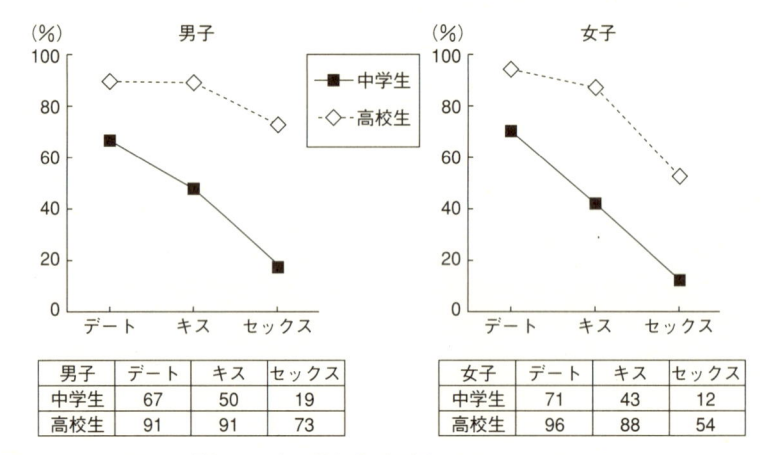

男子	デート	キス	セックス
中学生	67	50	19
高校生	91	91	73

女子	デート	キス	セックス
中学生	71	43	12
高校生	96	88	54

図4-7 「恋人あり」の性行動の経験率 (性教育協会, 2002より作成)

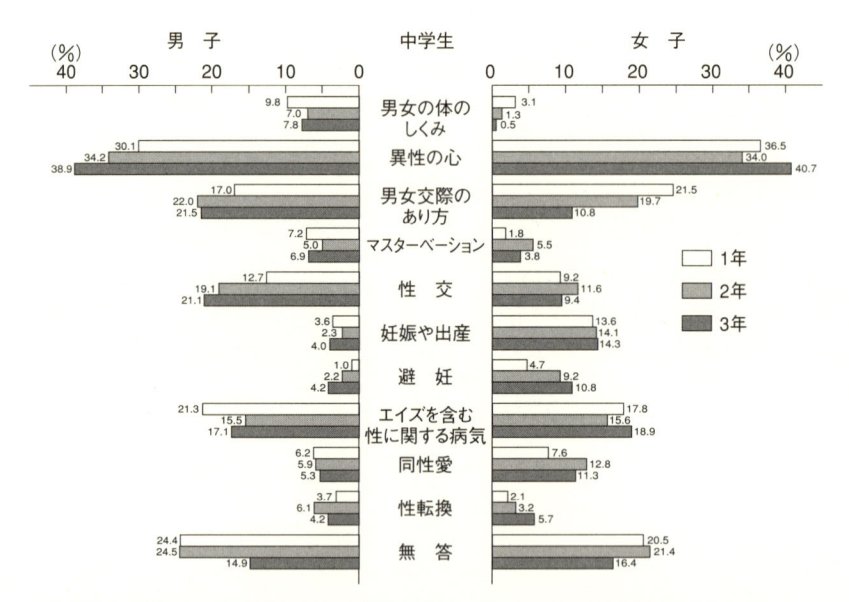

図4-8 性について知りたいこと (東京都幼稚園・小・中・高・心障性教育研究会, 1999)

 よう。中学と高校の男女別の異性とのつき合いは「恋人あり」は中学生は男女とも14％，高校生は21％と23％で女子が少し高く出ているね。次に図4-7に「恋人あり」の性行動の経験率を示しているけど，中学と高校での行動は，キ

スやセックスの経験率にかなりの差があるよね。ここで性行動に対してどのような支援が考えられるかということになる。そしてこれらの性行動を発達の早期化とみるか，非行化とみるかの視点が出てくるんだね。発達の早期化とみる視点に立つならば，どのような支援を考えることができるだろう。図4-8は「中学生の性について知りたいこと」の調査だけど，男女とも異性の心や，男女交際についての知識を求めており，異性への関心の高さをうかがわせているよね。また具体的な行動の現れとして，性交，性に関する病気などにも強い関心を持っている。女子では，妊娠や出産，避妊が性行動の活発化にともなう関心事として，男子では身体の仕組み，マスターベーションになど身体に関する知識を求めているね。最近の中高生，とくに男子はアダルトビデオなどから興味本位の誤った知識を学ぶことが多いこともあり，正しい性教育が必要であると思うよ。」

A君　「『若者の性』白書はここ30年間も性行動の変化などを追っているんですね。性行動の活発化が発達の促進なのか，非行なのかは興味深い視点ですね。異性のことや性の話は，やはり同性の友人や先輩にしか話しにくいところがあります。少子化や塾通いやお稽古事により，小学校の高学年からギャング・エイジが減ってきて，仲間遊びができなくなってきたと聞きましたが，先生はどう思われますか。」

3.3　仲間づくりへの支援

先生　「前節で同性の仲間集団，チャム・グループの存在の重要性を指摘したよね。NHK世論調査部も，1982年から5年ごとに『中学生・高校生の生活と意識』の調査をおこなっているんだけど，2002年の報告では友人関係では友達づき合いを重視しながら，つき合い方が以前ほど密ではなくなっていると要約しているよ。表4-4は1991年の中学・高校生の親友や友達のつき合い方の調査結果ですが，「いない」と回答した人は1～2％で少ない。ごく表面的につき合うという回答が中学男子で23％と高く出ているね。大人はそのつき合い方を表面的で寂しいと考えているかもしれないけど，前節で述べたように，皆いっしょという関係のあり方も大切という視点を持ってほしいと思うな。」

表4-4 周囲の人とのつき合い方（NHK世論調査部,1991より作成）

(%)

		全体平均	男	女	中学生	高校生	中学男子	高校男子	中学女子	高校女子
親友	何のかくしだてもなくつき合う	59	50−	70+	53−	67+	45−	56	62	77+
	心の深いところは出さないでつき合う	24	28+	20−	26	23	28	29	23	17−
	ごく表面的につき合う	13	18+	7−	18+	8−	23+	12	11	3−
	いない	2	2	1	2	2	2	2	1	2
普通の友達	何のかくしだてもなくつき合う	9	11	8	11	7	13+	9	9	6
	心の深いところは出さないでつき合う	40	33−	47+	34−	45+	30−	37	40	54+
	ごく表面的につき合う	50	54+	45−	53	46	55	54	50	39−
	いない	0	0	0	0	0	0	0	0	0

※無回答は省略

3.4 自分づくりへの支援

A君　「これまで先生は中学時代の課題として，①身体への適応，②同性の友人仲間をつくること，そして③自我の芽生え，秘密を持てることの大切さを話されました。今は95％以上の中学生が高校に進学しています。そういう中学生に対して，将来どういった生き方をするかということについての支援はどうなっているでしょうか。」

先生　「私が高校に入ったころは60％くらいだったかな。当時の日本は都市への集中化が起こり近代工業が発展していた時代で，中学時代から職業のことが身近にあったね。君が中学の時はどうかな。」

A君　「進学することが当たり前で，すぐ就職するということは話題にならなかったですね。」

先生　「そうだね，平成14年度から中学校に総合的学習が取り入れられ，「ゆとりの中で生きる力の養成」といった新しい学習指導要領が導入されたのを知っているかな。」

A君「地域の川などの自然環境をテーマとしたり，果物農家に行って，体験

学習をするとか聞いています。」

　先生　「高等教育への進学率の高さ，少子化などから親からの子どもへの干渉が強く，子どもがうけ身的になり，自分で考えることが減り，指示待ち人間というように無気力になったり，親や教師からみて優等生でも，大学や社会に出てから引きこもりをする人が多くなり問題になっている。子どもに良かれと思って育てたことが，逆に子どもにマイナスになっているわけだ。そういった意味で子どもの目で見，自分の考えることを見守ることが大切だと，私はこれまでの心理臨床体験から考えているんだよ。当たり前のことだけど，子どもには子どもの人生があり，それは子どもがつくっていくものだ。秘密と言ったけど，親が知らない子どもの世界があるのが当然だよね。親自身が自分の生きがいを持てないと，子どもをいつまでも生きがいにしたくなり，子離れできないんだ。」

　A君　「僕の中学生の従兄弟が1週間ほど近くの郵便局で職場体験をしていますが，それは職業とはどういうものかを体験しているんですか。」

　先生　「生きる力を育成ということで，県によって違うけれど，先ほどの新学習指導要領の導入の前から，いろいろな体験学習が取り入れられているよ。自分の目で見て，人と関わりながらの体験学習は大切ではないかと考えるね。試行錯誤や失敗を繰り返し，これまでの学習と違うから時間がかかり，下手をすると基礎学力の低下につながるという批判が出てくるかもしれないけれど。」

　A君　「今の子どもたちは失敗を気にしすぎるところがあります。試行錯誤して私たちは成長します。これからの世の中は，試行錯誤して工夫できる，生きる力を持った人が必要になってくるのでしょうね。」

第4章のキーワード

思春期，発達加速現象，形式的操作期，準拠集団，自己開示性，防衛機制，チャム・グループ，ストレス

◇さらに深く勉強するためのキーワード

形式的操作：具体的な内容を離れて，論証によって導かれる論理的思考を形式的操作という。つまり仮説を立て，現実を検証していくことであり，仮説演繹的思考ともいい，12歳ごろから可能になる。ピアジェは思考の発達を感覚運動期（0〜2歳），前操作的思考期（2〜7歳），この時期は表象的知能の段階（2〜4歳）と直感的思考の段階（4〜7歳）からなり，次に具体的操作期（7〜11歳）に分けている。形式的操作期は中学生年代にあたる。

防衛機制：無意識の存在を前提としている精神分析学の分野で用いられる用語。衝撃や欲求，耐えがたい苦痛や罪悪感，不安などの情動を意識することによって，引き起こされる心的苦痛や不安に対して，それらを無意識に追いやり，心の安定を図ろうとする自我の働きである。抑圧，反動形成，昇華，置き換え，投射，退行，合理化などの一般的防衛機制と分裂（分割），否認，投射性同一視などの原始的防衛機制がある。

【参考文献】

荒巻 央　2003　ぶつからない親子関係　NHK放送文化研究所（編）　中学生・高校生の生活と意識調査

Erikson, E.H.　1959　*Identity and the life cycle*. New York: International University Press.（小此木啓吾訳　1973　自我同一性　誠信書房）

Havighurst, R.J.　1953　*Human development and education*. Longmans.Green.（荘司雅子訳　1958　人間の発達と教育　牧書店）

Jourard, S.M., & Lasakow, P.　1958　Some factors in self disclosure. *Journal of Abnormal and Social Psychology*, **56**, 91-98.

笠原　嘉　1981　不安の病理　岩波新書

加藤隆勝　1987　青年期の意識構造　誠信書房

前田重治　1978　心理療法の進め方　創元社

NHK世論調査部　1991　現代中学生・高校生の生活と意識　明治図書出版

日本性教育協会　2001　若者の性白書　小学館

Piaget, J., & Inhelder, B.　1969　*La psychologie de l'enfant*. Paris: P.U.F.（波多野完治・須賀哲夫・周郷 博訳　1969　新しい児童心理学　白水社）

齋藤誠一　2002　青年心理へのアプローチと課題　落合良行・伊藤裕子・齋藤誠一（著）　青年の心理学　有斐閣

齋藤誠一　1990　思春期の身体発達が心理的側面に及ぼす効果について　青年心理学研究会　1989年度研究大会発表資料

Selye, H.　1976　*The stress life*. McGraw-Hill.（杉 靖三郎監訳　1988　現代社会とストレス

法政大学出版)
下山晴彦　1998　青年期とは　下山晴彦(編)　教育心理学Ⅱ　東京大学出版会
玉田太郎　1986　少年期のからだの変化　本間日臣・丸井英二(編)　青年期の保健　放送大学教育振興会
Tanner, J.M.　1978　*Foetus into man*. Openbooks.（熊谷公明訳　1983　小児発育学　日本小児医事出版社）
東京都幼稚園・小・中・高等学校性教育研究会　1999　児童・生徒の性(1999)　学校図書

第5章

高校生時代

　身体的・生理的な急激な変化も高校に入ると落ちついてくる。高校時代はこの自分の人生をどう形づくっていくかという，自我同一性（アイデンティティ）の核をつくっていく時期である。そして，これまで親や教師の目を通して社会を見，物事を判断していた児童期や思春期と違い，この時期になると自分の目で見て，判断し，思索し追及する姿勢が強くなってくる。そして，自分を理解してくれる友人や異性を求め，時には裏切られ強い不信感に陥ったりすることにもなる。高校時代は以上のような課題に直面し，時には刹那的楽しみを求めたり，時には先が見えすぎるがゆえに，しらけや無気力・引きこもりなどにもおちいったりする。

第1節　高校生の発達特徴

1.1　新しい身体に新しい生き方

　A君　「先生は中学時代の特徴として，①急激な身体発達，第2次性徴の発現，②形式的操作的思考による抽象的，仮説演繹的思考，③親子関係から友人関係への準拠集団の移行，④自我の芽生え，⑤個人差が大きい，を取り上げましたが，高校生の特徴はどうでしょうか。」

　先生　「一般的には身体の形態的性徴はおさまってくるけど，男子は性衝動の高まりに対して適応的な防衛機制を身につけていく時期だね。一方親への感情的な反発は少なくなるけど，その半面口をきかなくなるなど距離をとり，その分友人への接近が強くなってくる。高校時代の最も大きな特徴は，自分とは何者か，自分にふさわしい生き方は何か，いわゆる自我同一性（ego identity）

の基礎を形成する時期ではないだろうか。新しい身体にふさわしい自分の生き方を探すことが課題というか特徴だろうね。表5-1はブロス（Blos, P.）の発達論を参考に下山（1998）が思春期・青年期の下位段階の発達課題をまとめたものだよ。」

表5-1 思春期・青年期の下位段階の発達課題（下山, 1998）

児童期	前青年期 Pre Adolescence （10〜11歳）	〈 性 〉両性的構え，性的好奇心の発現 〈 親 〉依存的関係の中で親への反発 〈友人〉同性集団への帰属，遊び仲間的関わり 〈自我〉未分化であるが，青年期に向かっての基礎固め
思春期	青年期前期 Early Adolescence （11〜14歳）	〈 性 〉性衝動，第2次性徴の発現とそれへの対応（cf. とまどい，罪悪感） 〈 親 〉親からの分離の始まり，親との間に距離を取り始める，反抗（cf. 分離不安，抑うつ感） 〈友人〉同性の仲間との親密で理想化された友情の高まり，異性への興味（cf. 反動形成），騒々しい異性への接近 〈自我〉価値，自我理想への手探り
	青年期中期Ⅰ Middle Adolescence Ⅰ （14〜16歳）	〈 性 〉第2次性徴，性衝動に対する一定の対応，防衛機制の形成（cf. 行動化），性器衝動の高まり 〈 親 〉親からの分離が進む，親に対する批判，家庭外での対象関係の形成 〈友人〉対人関係の模索と拡大（cf. 不安定な対象関係と自我境界→引きこもり，内閉的空想），異性への関心と交流，異性の理想化，空想的愛 〈自我〉内的体験の追求，役割実験，空想的自己模索（cf. 知性化）
	青年期中期Ⅱ Middle Adolescence Ⅱ （16〜18歳）	〈 性 〉防衛機制の安定，適応的防衛機制の形成 〈 親 〉親からの精神的独立，親との対決，親の客観的評価 〈友人〉対人関係の深まりと安定，異性との現実的な交流，異性愛対象の発見 〈自我〉現実吟味の増大，社会意識の増大，性役割の形成 ◎社会的自己限定の開始，将来への見通しをもつこと（＝進路決定）
青年期	青年期後期 Late Adolescence （18〜22歳）	〈 性 〉自我親和的な性の体制化，愛情関係のタイプの確立 〈 親 〉親との対話 〈友人〉社会的交友の広がり，異性との親密な関係 〈自我〉自我同一性の確立，生活史を通しての連続性と同一性 ◎自己実現のための一定の職業選択（cf. アイデンティティの拡散）
	若い成人期 Young Adult （後青年期： Post Adolescence） （22〜30歳）	〈 性 〉親密性の形成，結婚，家庭の形成 〈 親 〉親との和解，親になること 〈友人〉社会的レベルでの親密性の形成 〈自我〉社会的役割の安定 ◎選択された枠内での自己実現

(注) 1. 青年期中期をさらにⅠとⅡに分けた。Ⅰの特色が，空想的実験的であるのに対して，Ⅱでは現実性や社会性が出てくる。
2. (cf.) 内の内容は，その段階の課題達成に失敗した時に陥る可能性のある状態である。

A君 「先生は高校時代の課題として「自分の生き方」を探すということを強調していますが,今でも親の職業を継ぐ人もいますね。その場合も「生き方を探す」ということと関係していますか。」

先生 「良い質問だね。自分とは何者か,自分にふさわしい生き方を模索する時期と言ったけれど,この考え方は歴史からみれば非常に新しい考え方といえるんだよ。例えば社会的変動のない社会であれば,親の職業を継ぐとか,その村落社会で必要なことを身につけていけば大人になれて,学校は必要とされないわけだね。しかし,工業化された近代社会やさらに進んだ情報産業社会では,社会人としてまた一人前の大人として認められるためにはいろいろなことを学び身につけていかねばならない。どういった生き方を選ぶかは個人の自由になってきており,その分,気楽だが,自分の生き方を自分で決めるのは大変になってきたと思うよ。」

A君 「最近大学を卒業してもすぐ定職につかずにフリーターをしたり,一流企業や官庁に入っても自分の特技を生かせないと言って2,3年以内に仕事をやめる人が多くなっていますが,生き方についてどう考えているんでしょうか。」

先生 「団塊の世代の私からみれば,ずいぶん思い切ったことをするなとか,生活はどうなるのと,心配したくなるよ。自我同一性の決定,すなわち進路決定や職業決定は米国では重要な課題になっている。そのためキャリア(職業)カウンセリングは充実しているんだ。しかし,日本では前述の下山が述べるように発達早期からの「進学」指導はあるけれど,本人の適性を考慮した進路指導や職業カウンセリングはほとんどおこなわれていない。そして,調査によると,高校卒業時の進路は成績要因の強い影響をうけていることが明らかになっているんだね。また,大学生の就職でも,どの職種を選ぶかという内容がテーマにならず,どのような組織(会社等)に就職するかが重視される傾向が強いと分析している。それゆえ,若者のフリーター志向などは,見方を変えれば「年功序列,終身雇用制度」が崩壊しつつある今日の日本において,所属でなくどういった職業が自分にふさわしいかを考える,先取りした生き方ともいえるんだよ。」

A君 「自分にどういった生き方がふさわしいかを知るには,いろいろ試し

たりの試行錯誤が大切になってきます。高校でも「総合的学習」の時間が導入され，生きる力の養成が重視されていますが，これまでの受験競争の弊害への反省からでしょうか。」

先生　「校内暴力や不登校（登校拒否）の増加は受験競争にともなうストレスの影響から，という考えがあったけれど，今の中学生や高校生はそんなに勉強しているんだろうか。あなたは「四当五落」とか「五当六落」という言葉を知っているかな。」

A君　「知りません。」

先生　「4時間の睡眠時間だと大学に合格でき，5時間だと落第するということだけど，これは大学に10％ぐらいしか行っていない，エリート型大学，日本でいえば1960年（昭和35年）ごろまで使われた言葉なんだね。当時は，大学に入れば一流企業に就職でき，豊かな生活ができると思われていた。それが1976年（昭和51年）に大学進学率が約40％，1995年には45％に上昇し，

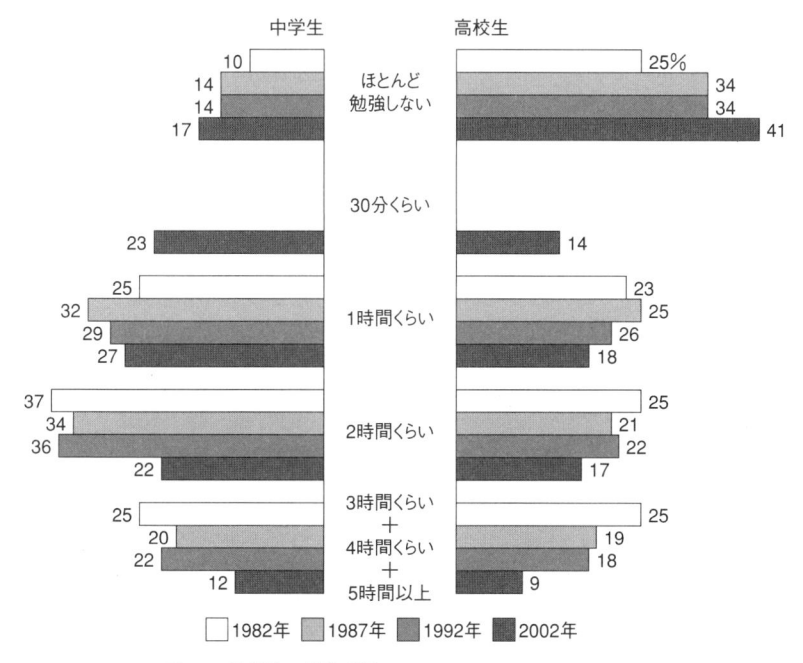

図5-1　**学校外の勉強時間**（NHK放送文化研究所, 2003）

大学が大衆化してきている。5年後には，数からいえば，受験者と定員が同じになると予想されているんだね。図5-1をみてごらん。これもNHK（日本放送協会）のアンケート結果だけど，この20年間で中・高校生，とくに高校生の勉強時間は減っているよね。A君はこの結果をどう解釈するかな。」

A君　「以前は一流大学・会社に入れれば幸せという考えの人が多かったかもしれませんが，今はそういう価値観を持っている人は少ないのではないですか。高校時代の友人には，与えられたことには興味を示さず，自分が興味関心があることには，それに該当する分野に関心を持つ人が多かったですね。」

先生　「先のアンケートの中に，「一生懸命勉強すれば，将来よい暮らしができる」「自分が興味があることをもっと勉強したい」の項目があり，その結果を図5-2，図5-3に示そう。高校生も上の学年になれば，勉強と将来の暮らしが単純に結びつかないにしても，半数近い人がよい暮らしのためには勉強も最低限必要という堅実な考え方をしていることもみてとれるね。そして図5-3の「興味あることをもっと勉強したい」になると高校3年の92％が肯定している。この結果は他者からの賞賛を求め，罰を恐れて勉強するという外発的動機づけではなく，賞罰でなく自分自身の興味・関心のあることをやりたいという内発的動機づけの高いことを示しているね。図5-1の「ほとんど勉強しない」の意味は，学校の勉強とは関係のない，興味関心などにもとづく勉強はこの中に入っていないことも考えられるね。」

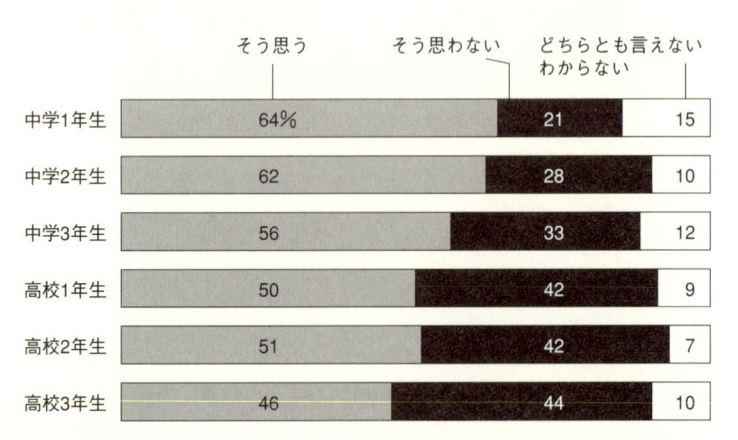

	そう思う	そう思わない	どちらとも言えない わからない
中学1年生	64%	21	15
中学2年生	62	28	10
中学3年生	56	33	12
高校1年生	50	42	9
高校2年生	51	42	7
高校3年生	46	44	10

図5-2　一生懸命勉強すれば，将来よい暮らしができる（中高生）（NHK放送文化研究所, 2003）

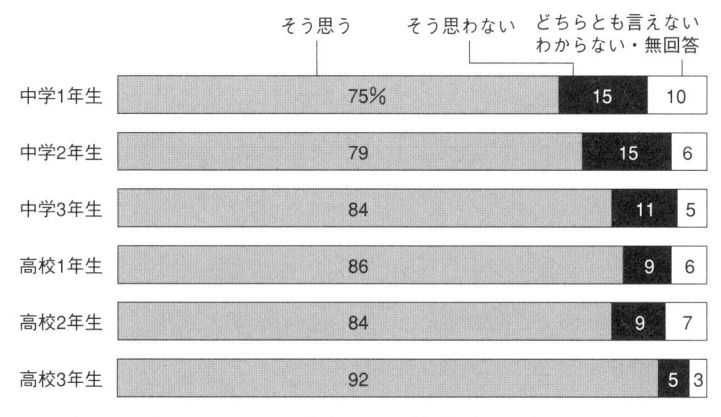

	そう思う	そう思わない	どちらとも言えない わからない・無回答
中学1年生	75%	15	10
中学2年生	79	15	6
中学3年生	84	11	5
高校1年生	86	9	6
高校2年生	84	9	7
高校3年生	92	5	3

図5-3　**自分が興味あることをもっと勉強したい（中高生）**（NHK放送文化研究所, 2003）

A君　「戦後の貧しい時代の，個人よりもその組織（家）を優先し個人を犠牲にする価値観が，もっとも豊かな国の1つである今の日本において，変わっていくのは当然かもしれませんね。高校生の中にはボランティア活動などに熱心でひろい視野を持って活動している人も増えています。」

先生　「西平（1973）は人間の幸福は2つに分けられると述べているよ。1つは「幸せ」（快適感）であり，これは，これがあるから幸せであり，これこれがあればもっと幸せであろうという考え方（お金，家，車などあればもっと幸せ）で，フロム（Fromm, 1976）のいう"to have"の存在様式に相当する。もう1つは「生きがい感」（充実感）であり，それは無条件性の原理にもとづくもので，この生きがい感はフロムのいう"to be"の存在様式に相当し，すべての条件を超越し，生きていること自体に意味や価値を感じ，喜びを見出す生き方から生まれてくるものであるとしているんだ。」

1.2　セックスとジェンダー

A君　「今の若者はモノよりも生きがいを求めている人が多いと思います。アイデンティティをつくりあげていくことと関係あると思います。ところで，最近よくジェンダーという言葉を聞くのですが，どういう意味でしょうか。」

先生　「看護婦が看護師，保母が保育士など，最近名称の変わった職種がたくさんあるよね。それまで男性，あるいは女性だけにしか門戸が開かれていな

い職業があったんだ。英語で性を意味するものとしてセックス（sex）とジェンダー（gender）があるけど，前者は生物学的な意味の性を示し，後者は社会的・文化的な意味の性を示しているんだね。例えば決断力があり，意志が強く，自己主張ができる，というのは男性で，やさしく，気持ちが細やかといえば女性というように。そのためジェンダーとは社会的・文化的に，つまり人為的に形成された性差を指し，男性に優位という意味で男女差別にもつながってくる。女性であるがゆえにうける差別や抑圧からの開放を目的として，フェミニズム（男女同権主義）運動も起こっているよね。今日では，法律上や制度上では男女共同参画社会になり，男女平等になっている。男女とも，これまでのようなジェンダーに縛られない生き方ができ，その幅がひろくなり自由といえるかもしれないね。」

A君　「よくわかりました。自分はどういった人間か，アイデンティティの確立とは，高校時代どういう生き方がふさわしいか自問自答することも多く，その際には何でも話せる友人がいれば，自分にあった生き方を整理しやすくなると思います。」

1.3　親友の存在（ピア・グループ）

A君　「チャム・グループは，私たちは同じねという一体感というか，仲間に対する忠誠心というか，そのような同じ興味・関心などを通じて結びついた仲間ということでしたが，ピア・グループはどのような特徴があるのですか。」

先生　「ギャング・グループやチャム・グループにおいては，同一であることが絶対条件だったけど，高校生ぐらいになってくると同じだけではものたりなく感じ始め，チャム・グループの中や新しく知り合った友人の中で将来の生き方や互いの価値観や理想などを語り合う関係が出てくる。ここでは共通性や類似性だけでなく，互いの違っていること（異質性）をぶつけ合うことによって，他者との違いを明らかにしながら，自分の中のものを築きあげ確認していくプロセスがみられるんだ。そして，異質性を認め合い，違いを乗り越えたところで，自立した個人として互いに尊重し合ってともにいる状態が生まれてくるんだよ。」

A君　「4章の中学時代のところで最近の友人関係の特徴として，対立しそうな話題を避けるとか，本音の話をしないなどとの説明があったように記憶していますが，そのあたりどのようにお考えですか。また，高校生に限らず若者の使う「……っていうか」，「……というより……じゃあないですか，それってー」といった言い回しは，断定を避け，自分の気持ちをはっきり伝えていないように思えるんですが。」

先生　「いろんな高校生がいるから，ひとことでいうことは難しいところもあるね。ピア・グループで述べたように，違っていてもわかり合えるという関係や，自分の意見をはっきり言わず，語尾を濁らし，自己を主張することにともなうあつれきを避けようとする関係も考えられる。他者との違いを主張するほど，自分のアイデンティティができていないともいえるね。これまでの日本の社会はモデルの国が先にあり，それを目指してこうあらねばならないという基準ができていたのではないだろうか。しかし，今の高校生たちは生まれたころから，自分の部屋を持ち，テレビゲームやパソコンなども身近において育った世代で，何が幸福かといったところではモデルのないところに生きているよね。そのため，自分で探すしかなく，自信を持ってこうだと言えず，相手の反応をみて確かめているとも思える。逆にモデルがない分だけ，今の高校生はわれわれの高校時代と違いのびのびと楽しんでいるようにみえるね。」

1.4　異性関係の発達

A君　「先生の高校時代はガールフレンドとかボーイフレンド，恋人のいる人は多かったですか。高校生を持つ今の親は，そういう異性がいることにほとんど抵抗がないようですが。」

先生　「先生のころはそういうつき合いをしている高校生がいると目立っていたね。4章で取り上げた中・高校生の調査では，中学が「恋人あり」が14％，高校生では女子が23％，男子が21％と少し少ない（「若者の性」白書）。一方，NHK放送文化研究所の調査（2003）では，男女とも好きな異性がいる高校生が，1982年は54.1％から2002年40.2％と減少し，1対1でつき合っている人がいる高校生が1982年42.6％，2002年54.7％と増加しています。調査目的などが違い，一概にはいえないけど，今の高校生のほうが，異性にあこが

れてみている人より，実際1対1で交際している人が増えていると考えられるね。そして，キスや性交の体験率の低年齢化が起こっていることを考えると，青年期後期の課題である結婚のことともつながってくるけど，少し時期的には早いともいえるね。」

第2節　高校時代の発達課題

　A君　「高校時代の発達特徴として，先生は「新しい身体に新しい生き方」ということで自分にふさわしい生き方を探す，そして，関係するジェンダーの問題，親友や恋人のことなども話されました。話を聞いていますと，発達特徴というものと発達課題が密接に関係していて，区別の難しいところもあります。先生のほうで発達課題をしぼって整理していただけませんか。」

　先生　「中学時代の中でも取り上げたけれど，ハヴィガーストは10の課題（表4-2）をあげているよ。高校時代の課題となると，「同年齢の男女との洗練された新しい交際を学ぶこと」「両親や他の成人から情緒的に独立すること」「職業を選択し準備すること」がまず浮かぶよね。エリクソンから（図4-5）は「時間展望」「自己確信」「役割実験」が浮かぶ。私はここで，①モデルのない先進国の日本の高校生に必要とされる課題，②人と意見が違っている場合どこまでわかり合えるのか，合えないのかという「孤独感」を取り上げていきたいと思っているんだ。」

2.1　多様化・国際化社会における高校時代の課題

　A君　「2002年（平成14年）からの新しい学習指導要領の導入により，学習内容の3割削減，完全週5日制などにより，基礎学力の低下が懸念される中，NHKの調査によると中・高校生の勉強時間が減少しています。先生はそれをどのように考えますか。」

　先生　「若者のファッションセンスはずいぶん洗練されているよね。個性的な高校生も多く，感心することもある。そして一番感じるのは明るさ，明朗さだね。例えば，甲子園の高校野球とかインターハイのスポーツ競技にしても，以前は学校とか郷土の名誉を背負って，ずいぶんと肩に力が入り，試合を楽し

んでいる感じがしなかったんだけれど，最近はホームランやヒットを打てばガッツポーズをするなど，試合を楽しんでいるように感じるなあ。話をもとに戻し，先ほどのNHKのアンケートから表5-2の成績の自己評価や表5-3の性格の自己評価を示してみよう。

表5-2 学校の成績の自己評価 (NHK放送文化研究所, 2003)

あなたの1学期の学校の成績は，このように5つの段階に分けると，どれにあたりますか？

選 択 肢／調 査 年		1982年	1987年	1992年	2002年
1. よいほう	中学生	8.7	10.0	7.7	10.3
	高校生	10.0	10.0	11.8	12.8
2. ややよいほう	中学生	23.5	19.5	20.6	22.5
	高校生	24.1	20.9	22.3	21.6
3. ふつう	中学生	44.7	39.9	43.1	43.7
	高校生	38.7	35.8	32.2	37.9
4. ややよくないほう	中学生	16.0	20.8	17.6	16.5
	高校生	17.0	20.3	20.7	16.5
5. よくないほう	中学生	5.8	9.6	10.4	5.7
	高校生	9.0	12.3	11.8	8.8
6. わからない，無回答	中学生	1.3	0.2	0.7	1.4
	高校生	1.2	0.7	1.2	2.4

　表5-2より，勉強時間の減少があっても「学校の成績」がふつう以上が2002年では72.3％と回答しており，これは1982年と変わっていないね。表5-3から自分の性格について「思いやりがある」「自分から進んで何かするほうだ」などの回答者が増えているね。これらの結果は，勉強や仕事はそれほどしていなくても，自信たっぷりで自己肯定的な若者の姿をあらわしていると思う。これは安定した社会では目標や基準が一定しており，その基準からみて，だめではないかと自己否定的にみたり反省的であったのが，目標や基準が相対的にはっきりしない今日では，開き直りや自己肯定的な態度のほうが生きやすいと考えられるね。」

　A君　「先生はあまりくよくよ悩まず，趣味も多く，活動的な高校生をこれからの21世紀の生き方だと評価しているように見えますね。ところで，ここ数年ずっと「引きこもり」が問題になっています。うつ病といった精神病ということでなく，何か性格的要因が強いと聞いたのですが，彼らの高校時代の過ごし方はどうだったんでしょうか。」

表 5-3 自分の性格の自己評価（NHK放送文化研究所, 2003）

ここにあげたAからDまでについて，あなたに当てはまるものはそれぞれどちらでしょうか。

A. あなたは「あきやすいほうだ」と思いますか。それとも「根気があるほうだ」と思いますか。

選択肢／調査年		1982年	1987年	1992年	2002年
1. あきやすいほうだ	中学生	62.2	67.4	68.4	57.5
	高校生	55.6	65.4	67.9	58.1
2. 根気があるほうだ	中学生	22.2	26.5	26.5	34.3
	高校生	26.1	25.9	27.8	32.9
3. どちらとも言えない，わからない，無回答	中学生	15.6	6.2	5.1	8.2
	高校生	18.3	8.6	4.2	8.9

B. あなたは「自分勝手だ」と思いますか。それとも「思いやりがある」と思いますか。

選択肢／調査年		1982年	1987年	1992年	2002年
1. 自分勝手だ	中学生	38.0	53.6	55.0	48.3
	高校生	35.9	52.4	55.5	46.8
2. 思いやりがある	中学生	27.5	32.4	31.8	34.8
	高校生	33.6	34.3	35.3	38.5
3. どちらとも言えない，わからない，無回答	中学生	34.5	14.0	13.2	16.9
	高校生	30.5	13.3	9.2	14.8

C. あなたは「しりごみをするほうだ」と思いますか。それとも「自分から進んで何かをするほうだ」と思いますか。

選択肢／調査年		1982年	1987年	1992年	2002年
1. しりごみをするほうだ	中学生	39.3	47.0	44.0	38.2
	高校生	41.4	46.6	44.2	39.6
2. 自分から進んで何かをするほうだ	中学生	41.7	44.3	48.6	49.5
	高校生	41.2	45.3	50.1	51.1
3. どちらとも言えない，わからない，無回答	中学生	19.0	8.7	7.4	12.3
	高校生	17.7	8.1	5.6	9.2

先生　「私は学生相談の経験の中で大学生の不登校とたとえられるスチューデント・アパシーに何人も出会ってきた。1970年代から目立つようになったんだけれど状態像として，「それまでまじめだった学生が急に学業に関する意欲を失い，登校しなくなり試験も受けない状態が慢性化します。抑うつや不安といった明確な症状が見られず，本人も自らの状態を深刻に捉えることができないので，「さぼり」や「怠け」に見間違われ，退学となる場合が多い」と下山（1997）は指摘し，表5-4に示す基準をあげているんだよ。

また，彼らは，親や教師など他者の気持ちを先取りした，いわゆる良い子として育ち，他者からの批判に対する恐怖心（完全主義）などから，幼児期より周囲の期待にこたえて，人に迷惑をかけない自立的できちんとした適応的な生

表5-4　アパシー性障害の規準（下山, 1997）

心理的には無気力（アパシー）状態にあるにもかかわらず，表面的な適応にこだわり続ける広範な様式で，青年期中期から成人期にわたる広い範囲で始まり，種々の状況で明らかとなる。以下のうち5つ以上。
　(1) 適応を期待する他者の気持を先取りした受動的な生活史（受動的適応性）。
　(2) 適応的で自立している自己像への自己愛的な固執（自己愛的自立性）。
　(3) 他者から不適応を批判されることに対する恐怖心と警戒心（強迫性［完璧主義］）。
　(4) 不適応があからさまになる場面の選択的回避（回避）。
　(5) 不適応状況に関する事実経過を認めるが，その深刻さを否認（否認）。
　(6) 不適応場面における，一貫性のない分裂した行動（分裂）。
　(7) 自己の内的欲求が乏しく，自分のしたいことを意識できない（自分のなさ）。
　(8) 感情体験が希薄で，生命感や現実感の欠如（実感のなさ）。
　(9) 時間的展望がなく，その場しのぎの生活（張りのなさ）。

(注)　(1)(2)(3)が「自立適応強迫」性格に，(4)(5)(6)が「悩まない」行動障害に，(7)(8)(9)が「悩めない」心理障害に相当する。

活をしている。しかし，その過程で自己の欲求や感情を排除してきたため，生活の実感や張りのない自己不確実な心理状態になっているんだね。その結果，進路決定など青年期の課題に直面してどうしてよいかわからない「悩めない」事態となるんだけど，「自立適応強迫」性格のために適応的自己を示そうとし，非難をうけることが予想される場面を否認や分裂によって回避し，「悩まない」行動をとることになる。ところが，この悩まない行動（約束の無視など）に親や教師が悩まされ，本人への非難を繰り返すので，本人が回避を繰り返し，アパシー状態が深刻化する悪循環を繰り返すことになるわけだ。このアパシー学生は，今では「引きこもり」の一種と考えられている。引きこもりが増加した背景には児童期から進学受験システムへの適応を期待する日本の教育環境の問題が関与していると考えられているんだね。つまり，簡単にいうと，知的能力もあり，人の期待がわかる子どもは受験システムにのってしまう。大学に入ると知的能力だけでは今の社会には通用しないとわかってしまう。自分が傷つくことになれていなかった彼らは現実から逃避し引きこもってしまうことになるわけだ。」

　A君　「引きこもりには男性が多く，女性には拒食や過食などの摂食障害が多いと聞きましたが，やはり彼女たちにも，そのような問題行動に走る前は問題がなかったんでしょうか。」

　先生　「そうだね，やはり親や教師の気持ちを先取りし，それを自分の行動にするので，いわゆる親自慢の子どもとして育っている。しかし思春期のころ

から母親に対するアンビヴァレントな感情（愛と憎しみが同時に相手に向かう両価的感情）が背後にあり，あのような大人になりたくない（成熟拒否）という心理が働いていると考えられているね。」

A君　「そうしますと，勉強はほどほどで趣味やファッションなどを楽しんでいる今時の高校生は，今先生の言われた純粋培養の受験エリートを，自分のない将来の引きこもり予備軍と見抜き，自分の好きな分野で生きていきたいとチャレンジしているともいえますね。彼らは実際できそうになくても，「絶対できる」と強気に言いますからね。」

先生　「われわれの若い時は実際自信があっても，失敗した時の恥ずかしさから謙虚に表現していましたが，今の高校生は，先ほどの高校野球の例のように，自信満々に「勝つ」と表現しているね。そして失敗してもアッケラカンとしているようにみえるね。」

2.2　孤独感について

A君　「チャム・グループとピア・グループの違いは「皆同じ」と「違っていてもわかりあえる関係」でした。いわゆる親友という関係になり，これだけ話しているのだからわかってもらえている，と思ってもわかってもらえないとか，その親友が自分に黙って他の人と遊びに行ったとか，まして恋人と思っている人が他の人と親しそうに話していたなどと人伝えに聞くと，「わかってもらえない」「親友，恋人といえども信用できない」「どうせ自分は1人」だという不信感や孤独感を感じることがあります。先生は孤独感を感じることがありましたか。」

先生　「何度もあったよ。用語上のことだけれど，「孤立感」は「外からの指標で他の人と関わっていない状態」を指し，「孤独感」は「自分が1人ぽっちだと感じる」ことを意味するんだよ。1人で登山しても孤独感は感じず，むしろ皆といる時，自分は皆と違うな，と感じる時に感じるものもあると思うな。落合（1989）は孤独感を「人と親密な関係を持とうとする指向性を持ちながら，それが実現しない時に，人間同士は理解共感が難しいと感じ，自分は1人だと感じること」と定義しているよ。

　落合は孤独感の規定因に①人間同士理解・共感できるかといった人との関係

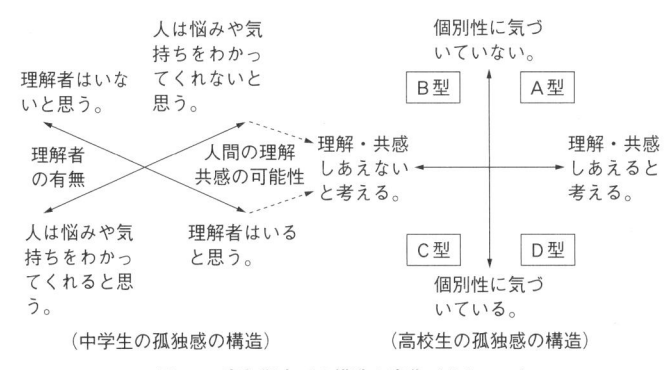

図5-4 青年期内での構造の変化（落合, 1989）

に関する次元，②個別性の意識という自己のあり方の意識に関する次元，③時間的展望の次元の3つをあげている。そして中・高校生の孤独感は図5-4に示すような発達的に変化する構造としている。図から，中学生では個別性次元と理解・共感の次元がはっきり分化しておらず，高校生になるとはっきりと因子化され象限化できることが読みとれるよね。「高校生の孤独感の構造からA型は，個別性に気がついておらず，理解・共感できると思っている人の孤独感で，トイレにいる時や仲間外れにされた時に感じるもの，B型の人が感じる孤独感は自分が無視された時や自分の気持ちが相手にすなおに理解されていない時に感じる体験で，どこかに自分を理解してくれる人がいると信じている人が多い。そのため，自分の欠点をなおし，自分を磨く努力をしたり，理想的理解者を宗教に求めたりすることもあるわけだ。C型の人が感じる孤独感は他人からのひどい裏切り，自分の無能さを痛烈に知らされて自己嫌悪や劣等感を抱く経験が多く，深刻だね。そのため，自分を含めた人間を信じられなくなっており，自分を理解してくれたり支えてくれる人を求めることをあきらめたり，あきらめようとしていることが多いと思われる。最後のD型の孤独感とは，個別性を承知しながら，1人でいられないので，人と関わり合おうとするものが感じている，充実した独立態としての孤独感といえよう」と落合は説明しています。」

A君　「なるほど，孤独感にもいろいろ段階があるのですね。僕の場合は，一時はC型の孤独感を感じたこともありましたが，先輩が話かけてくれ，辛

抱強く話を聞いてくれたので，また人を信頼できるようになりました。高校時代は受験勉強ばかりしても，これからの社会では通用しないし，楽しみながらやっていく必要がありますね。」

第3節　悩みを持つ中・高校生への関わり方

A君　「これまで，思春期・青年期の発達特徴や発達課題などについて話し合う中で，彼らにどのように関わっていくかについてふれられたところもありましたが，親や教師として，時には先輩としてどのように関わっていったらよいでしょうか。」

先生　「彼らが悩みを持つことに対して，人に相談するのが恥ずかしいとか嫌というのは，自分だけこういう小さなことを気にしてとか，また相手に相談してもどうなるものでもないなどの心理が働き，その一方で自分自身のアイデンティティが親や教師から無理やりつくられてしまうという不安感もあるからなんだね。そういう彼らに対して，親としてあるいは教師としてどう関わっていくか。最も大切なことは，無理やり相手の心の中に深く入り込まないということ，これはすべてのカウンセリングの基本ではないだろうか。親や教師は自分が何か相手に良いと思うことを与えたいという統制感（locus of control），悪くいえばおせっかいなところがある。自分自身の思春期を思い出せばわかるのではないかな。自分のことをわかってもらいたいが，一方でわかられたくない，わかられてたまるかという複雑な心境の時に，善意であったとしてもいろいろと心の中に入り込まれるのはうっとうしいものだよね。こちらから相談した場合にも，こちらを思っていろいろ良い助言をしてくれるよりも黙って聞いてくれた方が安心して相談できるのではないかな。クライエント側からみた良いカウンセリングとは？という質問に，①押しつけがましくない暖かさ，②自分のことがわかるように助けてくれた，③自分を理解してくれた人に信用して話すことができた，④今まで避けてきたことに直面できた，そういうことができる人を良いカウンセラーとクライエントは答えているんだよ。自分に自信が持てず，人を信頼することが難しい人ほど，当然の心理だけど，相手を試すようなことや，怒らせるようなことを無意識のうちにおこない，本当に相手は自

分のことをわかっているのか，そして，自分を信頼しているのか，試すようなことが多いものなんだ。そういう場合，相手を叱るのでなく，相手の心がこれほどまで傷ついているのかと，その悲しみやさびしさを共感できることが相手との信頼関係の形成に大切だと思うな。そして，中・高校生の悩みが素人では対応の難しい病的レベルのものであれば，その苦しみを受容し，共感した上で，これは専門の先生にお願いしたほうがよいと正直に伝えることだね。その上で専門の先生の意見を聞き，私たちのできる範囲で協力すると伝えることも大切だね。」

第5章のキーワード

自我同一性，発達課題，生きがい，セックスとジェンダー，ピア・グループ，孤独感，アパシー性障害，引きこもり，摂食障害，カウンセリング

◇さらに深く勉強するためのキーワード

ライフサイクルと発達課題：発達はこれまで，その完成段階である青年期や成人期までの説明で終わっていた。エリクソンは人生を8つのライフサイクルに分け，それぞれの発達段階で達成すべき課題があるとした。乳児期は基本的信頼感，幼児期前期は自律性，幼児期後期は自主性，学童期は勤勉性，青年期は自我同一性の確立，前成年期は親密性，成年期は世代性（生殖性），老年期は統合である。

心理療法とカウンセリング：カウンセリングとは「情緒的な問題や適応上の問題を持ち，その解決のために援助を必要としている個人と一定の専門的訓練をうけた専門家が主として言葉を媒介として，望ましい人間関係を基盤として，その個人の問題解決を目指していく過程」といえる。心理療法は専門家中心，カウンセリングは来談者中心のニュアンスがある。精神分析的，行動療法的，来談者中心などの理論や個人療法，集団療法などいろいろな方法がある。

【参考文献】

Fromm, E.　1976　*To have or to be*. New York: Harper & Row.（佐野哲郎訳　1977　生きるということ　紀伊國屋書店）
NHK放送文化研究所(編)　2003　中学生・高校生の生活と意識　NHK出版
日本性教育協会　2001　「若者の性」白書　小学館
西平直喜　1973　青年心理学　共立出版
落合良行　1989　青年期における孤独感の構造　風間書房
下山晴彦　1997　臨床心理学研究の理論と実際　東京大学出版会
下山晴彦　1998　青年期の発達　下山晴彦編　教育心理学Ⅱ　東京大学出版会

第Ⅲ部

発達障害

第6章

発達障害とは

第1節　カナーの研究と内因（分裂病）論

　AさんはI大学心理学科の2年生である。何となく「心」のことについて知りたいと思い心理学科を選んだ。論文のテーマも決まらず，講義で聞いたフロイトの精神分析療法，行動理論や脳の働きなどの内容がAさんの頭の中で漠然と浮かんでいるようであった。
　そんなある日，同じ学部のBさんが連日欠席していることに気づき，メールを送ってみた。

　Aさん　「元気？……どうしたの？」
　Bさん　「ごめんね。心配かけたかな……あのね，実はね，私の弟，自閉症なの。母親が倒れたから，しばらく休むけど，私は元気だから。」

　弟の世話をしている頑張りやのBさんの様子が浮かびました。
　翌朝，新聞記事を熱心に読んでいたAさんの父親が1つため息をつきました。「……少年が「人を殺してみたかった」って，アスペルガー，自閉症の仲間らしい。昔はこんな子どもはいなかったように思うがな……。」
　その日，Aさんはゼミの先生に思い切って質問してみることにしました。

　Aさん　「先生，自閉症の子どもって昔はいなかったのですか？」
　先生　「ほう，……自閉症かね。」

Aさん　「はい，自閉症について知りたくなったのです。」
先生　「なるほど，……それはいいね。カナー（Kanner, L）について調べてはどうかな。」

数日後……
Aさん　「1943年に初めて，カナーが「早期幼児自閉症」として論文に記載しています。カナーはジョンズ・ホプキン大学児童精神科サービスを受診した"一群の独特な特徴を示す子どもたち"の詳細な11症例を報告しています。」
先生　「それで，カナーのいう独特な特徴とはどんなものだったかな？」
Aさん　「私，覚えたんですよ。①人生初期（生後2年以内）からの極端な自閉的孤立，②コミュニケーションの目的で言語を用いられない，③同一性保持への強迫的欲求，④ものに対する没入やものを扱う巧妙な能力，⑤良好な（潜在的）認知能力，⑥非器質障害……具体的にどういうことなのかはピンとこないんですが，カナーはこうした症状から，分裂病の最早期の発病形態，つまり，内因性精神障害ではないかと，慎重に，断定は避けつつ考えていたようです。」
先生　「カナーの着眼はそこにあったろうね。自閉（autism）は，ブロイラーが分裂病の精神病理を説明するために用いた概念なんだよ。カナーはとくに基本的な特徴を，自閉的孤立と同一性の保持への欲求と捉えたようだね。自閉症の最初の記載は画期的なもので，以後30年児童分裂病として位置づけられてきた。ただ，カナー自身が「慎重に断定を避けていた」のはどうしてかわかる？」
Aさん　「そうですね……，分裂病にみられる幻覚，妄想が自閉症の子どもたちにはみられなかったんではないでしょうか。」
先生　「それは，わからないんだね。言葉がまだできない時に体験していることを表現しようがないからね。」
Aさん　「そういえば，自閉症の発症は2歳未満，分裂病は思春期以降ですよね。だから，分裂病では，いったん社会的対人関係はできているところから引いていく感じがするけれど，自閉症は初めから困難な状況なのでは。」

先生　「初めから困難……よいところに気がついたね。当時マイヤー（Meyer, A.）の説では，分裂病は生物学的・生得的要因が社会的・環境的要因と絡み合って生じる不適応反応と考えられた。すると，社会化していない年齢で発病するなら，器質障害がうかがえるはずで，カナーの⑥非器質障害に反することになる。カナーは，当初から自閉症児の両親の性格や養育態度にも特有なパターンがあることに気づいていたんだよ。」

　Aさん　「ちょっと，混乱してきました。えーと，どうも自閉症の成因は内因性の分裂病論とはいかなくなってきたようですね。両親の問題，器質の問題ですか？」

　先生　「さあ……調べてみるかね？」
　Aさん　「はい。」

第2節　心因（環境）論から外因（器質因）論へ

　1930年代から乳幼児ホスピタリズムの研究が始まり，発達段階早期における母親との分離の影響が，身体的・情緒的・社会的等の広汎な障害を及ぼすことを示し，安定した早期母子関係の重要性を再認識させた。そうした影響をうけて1960年代には，児童精神医学においても，自閉症児の養育環境の問題や家族相互関係のゆがみに成因があると考えられるようになる。患者の養育的背景や対人関係に着目してきた精神分析学の治療法や研究技法が取り入れられ，心理療法的なアプローチが試みられる。とくに，フロイト派精神分析家で，児童心理学者でもあったベッテルハイム（Bettelheim, B.）は自閉症児のための治療，教育に携わった。子どもに恐れや不安をできるだけ感じさせない安心の場としての環境を提供する中で，1人ひとりが自立した存在として主体性を回復するための実践を続けていったのである。

　1970年代には，40年代からの予後研究から，自閉症の改善の困難さが明らかになる。また，自閉症児の4人に1人が，10歳過ぎごろからてんかん発作を起こすことや，両親像も統計的に有意ではないこと，さらに，家族に責任を負わせることへの批判も出て，次第に，脳の器質的な外因性精神障害ではないかという考え方が浮かび上がってくる。

第3節　ラターの言語・認知障害説

　1978年，ラター（Rutter, M.）はカナーを修正し，自閉症診断基準を提案している。ラターの着想は，「社会性の障害（自閉的孤立）」を基本障害としたカナーの見方から，「言語発達の障害」こそが基本的なのであり，「社会性の障害」は2次的に引き起こされると発想を逆転させたところにある。認知機能の欠陥が，言語障害の基盤にある全般的障害と捉え，発達障害に属するものという考えにいたる。その後，わが国ではラターの「言語・認知障害説」が有力視され，何らかの脳障害にもとづく神経心理学的異常との予測から生物・医学的探索がおこなわれていく。

　Aさん　「先生，自閉症の研究って着眼点によりその成因が変化し，病態の捉え方も少しずつ変わってきているんですね。内因性，心因性，外因性へとひと回りして，認知障害説へとたどりついたと考えてよいのでしょうか？」
　先生　「そうはいえないだろうね。今では，様々な特異な症状は1つの原因によって起きるのではなく，生物学的要因と環境の要因が複合的に関わっていると考えられている。脳障害の状況証拠についてもまだ矛盾が残されているからね。状況も様々で症候群とされるのが一般的だ。だから，治療法についても様々な技法が用いられている。」

第4節　アスペルガーの報告

　Aさんは，1つ気になっていることがあった。お父さんが新聞記事を読みながら「……アスペルガー，自閉症の仲間だそうだ……」と言ったことである。

　Aさん　「アスペルガーと自閉症との関係を調べてみたいのですが，文献が少なくて，学術雑誌に「アスペルガー症候群」に関する記述を見つけました。」
　先生　「ああ，そうだろうね。それで？」

Aさん　「それが，驚きなんですよ！　カナーが自閉症の報告をした翌年の1944年に，オーストリアの小児科医だったアスペルガー（Asperger, H.）がよく類似した一群の児童について，偶然にも全く同じ自閉という用語を用いて「子どもの自閉性精神病質」として報告をしているんです。カナーの業績はひろくうけ入れられますが，アスペルガーはその後，障害児の臨床活動を続けて，1980年に亡くなっているんです。何だか，むなしいな。」

先生　「そうともいえないよ。1980年代，自閉症スペクトラムの関心が高まってくるんだ。どうも似ているけれど違う症状を持つグループがいるらしいってね。カナーとアスペルガーがいう子どもたちの事例の違いは何かわかったかい？」

Aさん　「まだ，よくわからないんですが，カナーは反響言語や人称転移などの言語障害に注目していましたが，アスペルガーは造語や大人のような言葉使いに注目したと……。」

先生　「そうだね。1981年に，自閉症の疫学的調査の過程で言語障害が非常に軽微な一群が見つけられ，それがアスペルガー報告の事例と一致したことが示されたんだ。そして，1990年に正式に「アスペルガー症候群」として国際的診断基準に登場することになる。」

Aさん　「国際的診断基準て，DSM-Ⅳのことですね。」

先生　「ほう，知っていたね。」

Aさん　「はい！　表題だけですが。……内容は調べてきます！」

第5節　DSM-Ⅳによる整理と分類

　DSMとは，アメリカ精神医学界（APA）による『精神疾患の診断と統計の手引き』（Diagnostic and Statistical Manual of Mental Disorders）の略称である。世界保健機関（WHO）の国際疾病分類（ICD）に対応して，1994年のDSM-Ⅳまで順次改訂されてきた。信頼性のある臨床診断の手段として明確な定義の必要性が強調され，明確な診断基準の設定，多軸診断システム，原因論に関して中立的な記述など重要な方法論が改革されたものの，後年，多数の不一致や明確でない例が見つかり，さらに多くの改訂や訂正が加えられている。

Aさん　「原語に忠実になるように訳語も変更しているんです。DSM-Ⅳ（比較対照としてICD-10）の診断カテゴリーの広汎性発達障害の中に自閉性障害（表6-1, 6-2），アスペルガー障害（表6-3, 6-4）という項を見つけました。カナー障害とは命名されなかったんですね。」

先生　「そうだね。注意欠陥／多動性障害（ADHD）はどう……？　源流は何だと思う？」

Aさん　「"多動"でしょうか。1920年代に脳炎の後遺症として多動の事例について報告されています。1930年代には「多動症候群」，1937年には中枢刺激薬としてアンフェタミンが多動に有効と記録されています。」

先生　「そこで，成因について何か気がついた？」

Aさん　「多動児についてもやはり，親子関係など心理社会的な問題として捉えられていたようですが，器質的な脳の障害という知見が出てきたというこ

表6-1　DSM-Ⅳ　299.00　自閉性障害　Autistic Disorder

A. (1), (2), (3)から合計6つ（またはそれ以上），うち少なくとも(1)から2つ，(2)と(3)から1つずつの項目を含む。
　(1) 対人的相互反応における質的な障害で以下の少なくとも2つによって明らかとなる：
　　(a) 目と目で見つめ合う，顔の表情，体の姿勢，身振りなど，対人的相互反応を調節する多彩な非言語性行動の使用の著明な障害。
　　(b) 発達の水準に相応した仲間関係をつくることの失敗。
　　(c) 楽しみ，興味，成し遂げたものを他人と共有すること（例：興味のあるものを見せる，もって来る，指さす）を自発的に求めることの欠如。
　　(d) 対人的または情緒的相互性の欠如。
　(2) 以下の少なくとも1つによって示される意思伝達の質的な障害：
　　(a) 話し言葉の発達の遅れまたは完全な欠如（身振りや物まねのような代わりの意思伝達の仕方により補おうという努力をともなわない）。
　　(b) 十分会話のある者では，他人と会話を開始し継続する能力の著明な障害。
　　(c) 常同的で反復的な言語の使用または独特な言語。
　　(d) 発達水準に相応した，変化に富んだ自発的なごっこ遊びや社会性をもった物まね遊びの欠如。
　(3) 行動，興味および活動の限定され，反復で常同的な様式で，以下の少なくとも1つによって明らかになる：
　　(a) 強度または対象において異常なほど，常同的で限定された型の，1つまたはいくつかの興味だけに熱中すること。
　　(b) 特定の，機能的でない習慣や儀式にかたくなにこだわるのが明らかである。
　　(c) 常同的で反復的な衒奇的運動（例えば，手や指をぱたぱたさせたりねじ曲げる，または複雑な全身の動き）。
　　(d) 物体の一部に持続的に熱中する。
B. 3歳以前に始める，以下の領域の少なくとも1つにおける機能の遅れまたは異常：(1)対人的相互作用，(2)対人的意思伝達に用いられる言語，または(3)象徴的または想像的遊び。
C. この障害はレット障害または小児期崩壊性障害ではうまく説明されない。

表6-2　ICD-10　F84.0　小児自閉症（自閉症）　Childhood Autism

　3歳以前に現れる発達の異常および／または障害の存在，そして相互的社会的関係，コミュニケーション，限局した反復的な行動の3つの領域すべてに見られる象徴的な型の機能の異常によって定義される広汎性発達障害。この障害は女児に比べ男児に3倍ないし4倍多く出現する。
【診断ガイドライン】
　通常，先行する明確な正常発達の時期は存在しないが，もし存在しても，それは3歳以下までである。相互的な社会関係の質的障害が常に存在する。これらは，他者の情緒表出に対する反応の欠如，および／または社会的文脈に応じた行動の調節の欠如によって示されるような，社会的-情緒的な手がかりの察知の不適切さ，社会的信号の使用の拙劣さと，社会的，情緒的，およびコミュニケーション行動の統合の弱さ，そして特に社会的-情緒的な相互性の欠如という形をとる。同様に，コミュニケーションにおける質的な障害も普遍的である。これらはどのような言語力があっても，それの社会的使用の欠如，ごっこ遊びや社会的模倣遊びの障害，言葉のやりとりの際の同調性の乏しさや相互性の欠如，言語表現の際の不十分な柔軟性や思考過程において創造性や創造力にかなり欠けること，他人からの言語的および非言語的な働きかけに対する情緒的な反応の欠如，コミュニケーションの調節を反映する声の抑揚や強調の変化の使用の障害，および話し言葉でのコミュニケーションに際して，強調したり意味を補うための身振りの同様な欠如，という形をとる。
　またこの状態は，微小で反復性の常同的な行動，関心，活動によって特徴づけられる。これらは日常機能の広い範囲にわたって，柔軟性のない型どおりなことを押しつける傾向を示す。通常，これは，馴染んだ習慣や遊びのパターンにとどまらず，新しい活動にも当てはまる。特に幼児期に，ふつうでない，典型的な場合は柔らかくない物体に対する特別な執着が見られることがある。小児は，無意味な儀式によって，特殊な決まりきったやり方に固執することがある。これらは日時，道順あるいは，時刻表などへの関心に関連した，常同的な没頭であることがあり，しばしば常同運動が見られる。物の本質的でない要素（例えばそのにおいや感触）に特別な関心をもつこともよくある。個人の環境において，いつも決まっていることやその細部の変更（例えば，家庭において，飾りや家具を動かすことなど）に抵抗することがある。
　これらの特異的な診断特徴に加えて，自閉症の小児が，恐れ／恐怖症，睡眠と摂食の障害，かんしゃく発作や攻撃性など一連の非特異的な問題を呈することがしばしばある。（手首を咬むなどの）自傷はかなり一般的であり，特に重度の精神遅滞が合併している場合にそうである。自閉症をもった多くの人が，余暇を過ごす際，自発性，積極性，創造性を欠き，（課題自体は十分能力の範囲内のものでも）作業時に概念を操作して作業をすることが困難である。自閉症に特徴的な欠陥の特異的な徴候は成長するにしたがい変化するが，これらの欠陥は，社会性，コミュニケーション，興味の問題というパターンがほぼ同様のまま成人に達しても持続する。診断がなされるためには，発達の異常は生後3年以内に存在していなければならないが，この症候群はすべての年齢群で診断しうる。
　自閉症にはすべての水準のIQが随伴するが，約4分の3の症例では，著しい精神遅滞が認められる。
　〈含〉自閉性障害
　　　　幼児自閉症（infantile autism）
　　　　小児精神病
　　　　カナー症候群
〔鑑別診断〕広汎性発達障害のほかの項は別にして，以下のものを考慮することが重要である：2次的な社会的-情緒的諸問題をともなった受容性言語障害の特異的発達障害（F80.2），反応性愛着障害（F94.1）あるいは脱抑制性愛着障害（F94.2），何らかの情緒／行為障害をともなった精神遅滞（F70-79），通常より早期発症の精神分裂病（F20.-），レット症候群（F84.2）。
　〈除〉自閉性精神病質（F84.5）

表6-3　DSM-Ⅳ　299.80　アスペルガー障害　Asperger's Disorder

A. 以下のうち少なくとも2つにより示される対人的相互作用の質的な障害：
  (1) 目と目で見つめ合う，顔の表情，体の姿勢，身振りなど，対人的相互反応を調節する多彩な非言語性行動の使用の著明な障害。
  (2) 発達の水準に相応した仲間関係をつくることの失敗。
  (3) 楽しみ，興味，成し遂げたものを他人と共有すること（例えば，ほかの人たちに興味のあるものを見せる，もって来る，指さす）を自発的に求めることの欠如。
  (4) 対人的または情緒的相互性の欠如。
B. 行動，興味および活動の，限定され反復的で常同的な様式で以下の少なくとも1つによって明らかになる：
  (1) その強度または対象において異常なほど，常同的で限られた型の1つまたはそれ以上の興味だけに熱中すること。
  (2) 特定の，機能的でない習慣や儀式にかたくなにこだわるのが明らかである。
  (3) 常同的で反復的な衒奇的運動（例えば，手や指をぱたぱたさせたりねじ曲げる，または複雑な全身の動き）。
  (4) 物体の一部に持続的に熱中する。
C. その障害は社会的，職業的，または他の重要な領域における機能の臨床的に著しい障害を引き起こしている。
D. 臨床的に著しい言語の遅れがない（例えば，2歳までに単語を用い，3歳までに意思伝達的な句を用いる）。
E. 認知の発達，年齢に相応した自己管理能力，（対人関係以外の）適応行動，および小児期における環境への好奇心などについて臨床的に明らかな遅れがない。
F. 他の特定の広汎性発達障害または精神分裂病の基準を満たさない。

表6-4　ICD-10　F84.5　アスペルガー障害　Asperger's Syndrome

疾病分類学上の妥当性がまだ不明な障害であり，関心と活動の範囲が限局的で常同的反復的であるとともに，自閉症と同様のタイプの相互的な社会的関係の質的障害によって特徴づけられる。この障害は言語あるいは認知的発達において遅延や遅滞が見られないという点で自閉症とは異なる。多くのものは全体的知能は正常であるが，著しく不器用であることがふつうである；この病態は男児に多く出現する（約8：1の割合で男児に多い）。少なくとも一部の症例は自閉症の軽症例である可能性が高いと考えられるが，すべてがそうであるかは不明である。青年期から成人期へと異常が持続する傾向が強く，それは環境から大きくは影響されない個人的な特性を示しているように思われる。精神病エピソードが成人期早期に時に出現することがある。
【診断ガイドライン】
診断は，言語あるいは認知的発達において臨床的に明らかな全般的な遅延が見られないことと，自閉症の場合と同様に相互的な社会関係の質的障害と，行動，関心，活動の限局的で反復的常同的なパターンとの組み合わせにもとづいておこなわれる。自閉症の場合と類似のコミュニケーションの問題は，あることもないこともあるが，明らかな言語遅延が存在する時はこの診断は除外される。
A. 表出性・受容性言語や認知能力の発達において，臨床的に明らかな全般的遅延はないこと。診断にあたっては，2歳までに単語の使用ができており，また3歳までに意思の伝達のための2語文（フレーズ）を使えていることが必要である。身辺処理や適応行動および周囲に向ける好奇心は，生後3年間は正常な知的発達に見合うレベルでなければならない。しかし，運動面での発達は多少遅延することがあり，運動の不器用さはよくある（ただし，診断に必須ではない）。突出した特殊技能が，しばしば異常な没頭にともなってみられるが，診断に必須ではない。

> B. 社会的相互関係における質的異常があること（自閉症と同様の診断基準）。
>   (a) 視線・表情・姿勢・身振りなどを，社会的相互関係を調整するための手段として適切に使用できない。
>   (b) （機会は豊富にあっても精神年齢に相応した）友人関係を，興味・活動・情緒を相互に分かち合いながら十分に発展させることができない。
>   (c) 社会的・情緒的相互関係が欠如して，他人の情動に対する反応が障害されたり歪んだりする。または，行動を社会的状況に見合ったものとして調整できない。あるいは社会的，情緒的，意思伝達的な行動の統合が弱い。
>   (d) 喜び，興味，達成感を他人と分かち合おうとすることがない（つまり，自分が関心をもっている物を，他の人に見せたり，持ってきたり，さし示すことがない）。
> C. 度のはずれた限定された興味，もしくは，限定的・反復的・常同的な行動・関心・活動性のパターン（自閉症と同様の診断基準。しかし，奇妙な運動，および遊具の一部分や本質的でない要素へのこだわりをともなうことは稀である）。
> 次にあげる領域のうち少なくとも1項が存在すること。
>   (a) 単一あるいは複数の，常同的で限定された興味のパターンにとらわれており，かつその内容や対象が異常であること。または，単一あるいは複数の興味が，その内容や対象は正常であっても，その強さや限定された性質の点で異常であること。
>   (b) 特定の無意味な手順や儀式的行為に対する明らかに強迫的な執着。
>   (c) 手や指を羽ばたかせたり絡ませたり，または身体全体を使って複雑な動作をするなどといった，常同的・反復的な奇異な行動。
>   (d) 遊具の一部や機能とはかかわりのない要素（例えば，それらが出す匂い・感触・雑音・振動）へのこだわり。
> D. 障害は，広汎性発達障害の他の亜型，単純型分裂病，分裂病型障害，強迫性障害，強迫性人格障害，小児期の反応性・脱抑制性愛着障害などによるものではない。

とでしょうか。」

　先生　「そう。落ちつきがなく言葉も遅れている，学習障害を持ち合わせた子どもたちの中にみられたわずかな神経学的異常に着目し，MBD（微細脳損傷症候群；Minimal Brain Damage, 1959，あるいは，微細脳機能不全；Minimal Brain Dysfunction Syndrome, 1962）と記載し，小児神経学を中心に研究がおこなわれた。それは原因論的な症候群といえるが，精神遅滞や脳障害のはっきりしたものとは区別していた。しかし，検査所見がはっきりせず，「MBD」の名称は次第に消えていき，その後，DSM-Ⅲ-R（1987）で注意欠陥／多動性障害としてまとめられた「ADHD」が出てくる。原因論的なMBDに対して，行動的な症候群といえそうだ。」

　Aさん　「脳の問題とはいえなかったのですか？」

　先生　「何らかの脳の損傷はあるだろうと研究が進められている。LDについて調べてみた？」

　Aさん　「はい。LDは1960年代にアメリカで使われた教育用語だったらしいです。知能の全般的な発達水準は正常範囲にあるのに，部分的な能力のいく

つかに発達的に問題がある児童を学習障害，略してLDとよんだようですが，その後，複雑に変化するんです。特異的学習障害（SLD），特異的発達障害（SDD）など。DSM-ⅢからDSM-Ⅳに改訂される過程で1999年，公的に「ADHD」と「LD」は分けられることになったようです。先生，そうすると，昔はこういう子どもはいなかったということになるんですか？」

　先生　「そういう名称はなかった。でも，調べてみるときっとおとぎ話や民話の中などに，落ちつきのない子どもや，自閉症と思われる子どもは見つけられるんじゃないかな。ただ，様々な環境要因も違うわけだから，どのくらい昔かわからないが，出現率や症状に違いがあったとしても不思議ではないね。」

　Aさん　「様々な視点で子どもの問題に着目し，新しい理論が生まれ，また壁にぶつかり，さらに新しい展開や，追加，訂正，整理されてきたのがわかりました。きっと，また変化していくのですね。自閉症から始まり，アスペルガー，ADHD，LDなど他にも発達障害があることを知りました。ですが，私，実態はあまりよくつかめていないようです。」

　先生　「それは，その通りだよ。大事なことは，目の前の生きている子どもを，しっかり見て，関わってみて，感じてみて，そして，じっくり考えることだよ。そして，言葉にすることね。」

　Aさん　「先生，わかりました！　それが臨床家の仕事なんですね。」

　先生　「さあ……どうかな？　やってみては？」

第6章のキーワード

カナー（Kanner, L.），内因論，アスペルガー（Asperger, H.），自閉症，自閉的孤立，同一性保持，認知能力，非気質障害，内因性精神障害，生物学的・生得的要因，社会的・環境的要因，心因論，外因論，ホスピタリズム，早期母子関係，外因性精神薄弱，ラター（Rutter, M.），言語・認知障害説，社会性の障害，言語発達の障害，神経心理学的異常，アスペルガー症候群，自閉症スペクトラム，反響言語，人称転移，造語，国際的診断基準，DSM-Ⅳ，国際疾病分類（ICD），広汎性発達障害，注意欠陥／多動性障害（ADHD），中枢刺激薬，微細脳損傷症候群（MBD），精神遅滞，LD（学習障害）

◇さらに深く勉強するためのキーワード

ホスピタリズム（hospitalism）：「施設病」。病院や施設などに長期間入所することによって生じる，子どもたちの身体的あるいは精神的発達障害のこと。

中枢刺激薬：多動や集中困難が目立つ場合に適用となる。衝動性が高い場合はかえって症状を悪化させる場合もあるので他の薬物との併用を考慮する。メチルフェニデート（商品名：リタリン）などが使われている。リタリンは弱い覚醒作用を持つ薬で，過鎮静や眠気を起こさない点は優れているが，アンフェタミンなど覚醒作用のある薬物は成長への影響を考慮して幼少者には通常は使われない。リタリンの覚醒作用は弱く，使用量に配慮すれば，発育への影響は少ないと報告されている。

自閉性精神病質：アスペルガーは1944年に，自閉的な傾向を示す4症例を報告し自閉的精神病質（autistic psychopathy）と名づけた。先天的な性格の偏りで，ほとんど男児のみにあらわれた。都会に住む知識階級の一人っ子に多いという。容貌，言語に子どもらしさがなく，他人との結びつきを持たず，孤立する。言語は単調だが，言語的発達はあり，特定の対象，文字，地図，貨幣などに興味を示す。知的能力は平均以上と推定される。自己の領域を妨害されると興奮し，攻撃的になる。成人後も精神分裂病的な状態になることはない。適切な治療教育的方法を用いて，性格に即した仕事につけば社会的適応も可能になるという。

外因性精神薄弱：ドイツ生まれでアメリカに亡命した精神科医シュトラウス（Strauss, A.A.）により提唱された概念でLD研究の糸口となった。原因のはっきりしない内因性に対して，脳障害の既往が明らかな精神薄弱児につけられた名称。行動特徴として注意の障害，衝動性，多動などとともに認知過程にも差のあることを指摘し，シュトラウスはこれにもとづく治療法を提唱している。

神経心理学的異常：神経心理学とは，大脳の特定の部分には特定の機能が配備されており，特定部位の損傷により，特定の機能を司る装置の損

傷ないしは装置同士の連絡の段列として説明しうるという仮説から出発している。

　神経心理学の対象は，単純な末梢の執行装置そのものの障害でもなく，また，痴呆がそうであるように精神そのものの障害でもなく，その中間に位置する高次大脳機能の障害にあると考えられている。ヤスパース（Jaspers, K.）はこれを，精神が用いる道具性の障害とよんだ。

自閉症スペクトラム：広汎性発達障害とは，自閉症類似の病態の総称であり，その中心は自閉性である。社会性の先天性の障害を持つ児童は，言語の障害，認知の障害はほぼ必発であり，さらに多動性障害や協調運動障害の合併がみられるなど，他の発達障害に比べ広汎であるために用いられた呼称であるが，より単純に連続性を持つといった意味からも自閉症スペクトラムとよぶほうが適切ではないかという見解があり，一部の研究者からは支持されている。

【参考文献】

兼本浩祐　2000　神経心理学と学習障害　現代のエスプリ—LD（学習障害）の臨床—, 398.
Kanner, L. 1944 Early infantile autism. *Journal of Pediatrics*, **25**, 211-217.
杉山登志朗　2001　青年期のAsperger症候群への治療　精神療法, **27**(6).
滝川一廣　2000　小児自閉症　精神医学　心理臨床大辞典（共編）　培風館
山中康裕　1977　概説自閉症　現代のエスプリ—自閉症—, 120.

第7章

自　閉　症

第1節　カナータイプ

　Aさんはその日，Bさんと待ち合わせをしていた。久しぶりに時間がとれたからとBさんから連絡があったのである。髪が伸びたBさんは少し痩せたようにみえた。

　Aさん　「久しぶり！　お母さんの具合はどう？」
　Bさん　「外に出ると気分いいな！　心配かけたわね。母さん，退院できそう。今日は，父さんが弟をみてくれているの。」
　Aさん　「そう！　よかった。」
　Bさん　「母さんは偉いと思う。……弟，5歳なの。私も自閉症について調べてみて，わかっているけど，イライラする。「どうしてそうなの！」ってね。散歩しても手を振り払って，往来する人にぶつかりながら走って行くし，何か気に入らないと急に怒り出すし，……呼んでも来ない。聞いてないのね。母さんは怒ってはいけないと言うけど，私は，怒ってしまう。それでも弟にはわからない……。笑っている。」
　Aさん　「そうか……。」

　Bさんは弟について少し話していた。Bさんがイライラして，うまく世話できない自分を責めているのを感じる一方で，Aさんの頭の中にカナーの症例と重なってBさんの弟の姿が浮かんでいた。

1.1 ドナルドの症例から

Aさん　「先生，カナーが報告した自閉症児の症例について調べてみました。11人の子ども（男8，女3）はとてもユニークな症状を示していました。」
先生　「ほう。それはどのような内容だったのかな？」
Aさん　「はい。」

1938年，ジョンズ・ホプキンス大学小児科で初診した時のドナルドは，5歳1ヵ月で身体的には健常でした。父親は細心で仕事熱心な成功した弁護士でしたが，仕事の重圧で"まいった"ことがあり，ちょっとした身体的な不調も重く受け止めがちな男性でした。母親は穏やかな女性で短大を出ていました。父親は来院に先立ち33枚にわたる詳細な病歴背景を書き送っています。

1歳の時，他児がアイスクリームを食べていてもまったく関心を示さない。1人でいることが楽しそうで，自分1人で満足しているようでした。父親が帰宅してもそれに気づかず，父親が盛装したサンタにも関心を示しませんでした。呼ばれてもほとんど来ることはなく，必要な時には抱くか運ぶか連れて行くしかありませんでした。また，ドナルドはいろいろな歌を正確にハミングし，町中の人の顔と家の名前を知っていましたし，歴代の大統領の写真を知っていました。やがて彼は絵に興味を覚え，コンプトン百科辞典のものすごい数の絵を皆知っていました。アルファベットは順唱，逆唱を速やかに覚え，数も百まで数えることができました。

2歳になって彼は，積木，鍋，そのほかの丸いものをクルクル回すことに熱中し始めました。同時に彼は，三輪車，ブランコなど（自分で動かす）乗り物が大嫌いでした。無理に乗せようとすると怒って，乗せようとしている人にかじりついてそれを止めさせようとします。彼は自分1人で自らを楽しませている時が常に幸せで，何かで遊ぶよう促されることを嫌い，他人が介入してくると，癇癪を起こして破壊的になりました。彼は尻を叩かれたりぶたれるのを大変恐がりましたが，自分のいけなかったこととお仕置きの意味を結びつけて理解することはできませんでした。

1938年10月，初診と2週間のチャイルド・スタディ・ホームでの2名の医師の観察で得られた所見はおよそ，次のようなものでした。

- 自発的活動はきわめて少ない。
- 笑いを浮かべ，常同的（指を空で交差させる）運動を繰返しながら歩き回っていた。
- 頭を左右に振り，3音メロディーを口ずさんでいた。
- 回転するものを回して大喜びしていた。
- いろいろなものを床の上に投げ，音を楽しんでいるようだった。
- ビーズ，積木を色分けして並べた。
- それらが1つ終わるごとに，キーキー叫んで飛び跳ねた。
- 動作の大部分は反復的で，最初にやったやり方が繰り返された。
- 1日中繰返される言葉の儀式。
- 母親が言う通りにしないと，彼はキーキー泣き，叫び，力一杯首を突っ張らせた。
- 了解に苦しむ発語，おうむ返し。
- 自分に言われた人称代名詞を抑揚までもそのまま使う。おしっこしたい時は「おしっこに行きたいの？」と言った。
- 言葉の一般化ができない。「イエス」は，「肩車をして欲しい」という最初の父とのやりとりの意味となった。
- 周囲の人々にまったく関心を示さない。1つの部屋にいる誰かにではなく，1つの物体に向かって行く。また，介入する手や足を払いのけるが，どきさえすればケロリとしている。手や足の持ち主に話しかけることはなかった。
- 一切構わず，自分の好きなことで時を過ごし，ほかの子が来るとスッとはなれた。

家に帰ってからは，母親は定期的に報告をしています。
　1939年2月：簡単なメロディーをピアノで弾くことを覚えた。関心をとどめておくことさえできれば，「イエスかノーの答えを求められる」問いかけに反応した。また，時には人称を正しく使うこともできた。チャイルド・スタディ・ホームでも，常に強制さえすれば，日常生活のきまりにしたがい，ものの適切な扱い方をある程度まではできるようになった。しかし，依然として

"12，12"，"殺し，殺し"という言葉を繰返しながら，空に字を書いたり，トイレに本を投げたり，自閉的にケラケラ笑ったり，ささやいたりした。

1939年9月：衣食住に関してはまだ母親の助けが必要であった。しかし，積木でまとまりのあるものをつくる，花に水をやるなど遊びの内容は豊かになった。ホームでは教室で協調して対応するようになり，キーキー叫ばず，走り回りもせず，質問に答え，嬉しいと何度か上下に飛び跳ね，頭を一回りした。

1940年3月：周囲の物事に関心もち，話をし，質問の量も増えた。ほかの子どもとゲームをし，自分のことを自分でする。ずっとよくなったが基本的障害はまだある。

1941年4月・再診：3人の医師に目もくれず，机の紙や本をいじる。勝手に紙と鉛筆をとってアルファベットを何枚も書き，それを縦に読んで面白がる。質問には"知らない"という常同的な反応をする。自発的な会話の大部分は"1週間は何日？ 1世紀は何年？"等の執拗な質問で答えを欲しがった。依然としてきわめて自閉的であった。彼の人間との関係は発展したといっても，何かが欲しいとか，知りたいとか彼のほうから話しかけるにとどまった。話す時は決して相手を見なかったし，話を通じさせる身振りも用いなかった。欲しかった返事が得られたとたんに，接触はプッと切れてしまうのだった。

1941年10月（母親からの手紙による）：彼はまだ周囲のものごとに無関心です。映画を楽しんではいますが，それは話の筋がわかってのことではなく，見たことを順に覚えているのです。また，古いタイム誌のリスト作成を目指すとか，そういうつまらないようなことに凝っています。……（以上は牧田訳による）

　カナーは30年後の1971年，11例の自閉症児の追跡報告をしている。その中で紹介されたドナルドの母親からの手紙の概要は次のようなものであった。

　36歳のドナルドは独身のまま私たちと同居し，身体はいたって健康。地方銀行で金銭出納係として働き，職場での来客との応対も順調です。趣味はゴルフでプロには及びませんが，トロフィーを6個も取り，商工会議所で秘書をするなど正確で人に信頼されています。しかし，彼は社交的な会話には一切参加

しようとはせず，女性には全く興味を示しません。ドナルドは完全に正常とはいえませんが，社会的にはとてもよく適応し，かつて願っていた水準以上にうまくやっています。自分のことは自分でやっていけそうです。この大進歩には心から感謝しております。

Aさん　「「自分のことは自分で……，この大進歩……」か……，30年の願いを感じます。」
先生　「そうだね。他の自閉症児の予後については？」
Aさん　「11例の30年後の姿は，2例は社会生活を営み，1例がかろうじての適応，5例が州立精神病院などに入院，1例が死亡，2例が行方不明（Kanner, 1971）です。また，そのうち2例はてんかん発作を起こしています。それに続くその他の予後調査でも，予後良好というものは20％前後だということです。」
先生　「どのような治療法や環境の影響があったかなど考えてみなければならないが，薬物にしろ，心理的治療にしろ，カナー型自閉症児の心の世界につながる道を見つけるには，非常な困難があるといえそうだ。」
Aさん　「他に，フレデリック，イレイヌの症例を読みました。それぞれ個人差はあるのですが，どれにも共通する特徴が明らかにみられます。」
先生　「カナーが発表した　early infantile autism　について，少し具体的にわかってきたようだね。まとめてみようか。」
Aさん　「はい。」

1.2　レオ・カナー／早期幼児自閉症（early infantile autism）の子どもたち
(1) 人生初期からの極端な自閉的孤立

カナーによれば「人生の始まりから」と記載されている。多分出生直後（生後2年以内）からであろうが，「言葉」の遅れや「友達と遊ばない」などの理由で初めて両親が気づくことが多いといわれている。人や状況との間に普通の関わりを持つことができない。視線が合わない。抱き上げられることを予期する姿勢をとらない。いっしょに遊べない。自分に干渉しない限り，話しかけられても頓着しない。全く反応しない。質問が繰り返されると無視する。

(2) コミュニケーションの目的で言葉を用いられない

言葉の有無に差異はなく，文章が話せても，それはかつて聞いた言葉の組み合わせとおうむ返し（反響言語）に終始した。"ただちに"または"後日"が繰り返された。無意味な独語，その子にしか通じない言いまわし（比喩的言語）だった。また，その言葉を最初に獲得した内容以外に採用することはできなかった。人称代名詞を聞いたままに繰り返し，抑揚も同じように保たれた。そのため人称代名詞の転倒があり，相手が"I"，自分を"you"と言い，時には省略された。

(3) 同一性保持への強い要求

同じ道順，同一の手順，パターンに執着する。子どもの起こす騒音や動きは，単調な繰り返しである。日課，家具の配置，日常の形式，毎日の順序が規定されている順序等の変化を嫌いパニックになった。積木が欠けているのを見つけると大騒ぎになり，1日の大部分が同じ出来事の同一性を求めることに費やされた。そのことは自発性の活動の少なさにも通じた。

(4) 物に対する没入や，物を扱う巧妙な能力

人への関心の乏しさに比べ，ものとは良い関係をつくることができた。回せるものは皆回してみる。没入しそれが回るのを見て歓喜し，恍惚の境地にいるかのようであった。この力を自分の体に関しても試みて，ロッキングやローリングのように身体を前後に揺すったり，ぐるぐる回るスピニングなどのリズミカルな運動を繰り返した。こうした行為やそれにともなう熱中は明らかに自慰的満足があることを示していた。

(5) 良好な（潜在的）認知能力

利発な顔つき，まじめで不安げな印象を与えた。言葉を持っている子の驚くべき語彙，数年も前の出来事の優れた記憶，詩や長文，名前の驚異的な丸暗記力，込み入ったパターンや場面の正確な想起等，潜在的な高い知的能力がみられた。

第7章　自閉症　**139**

(6) 非器質障害
脳器質障害を示唆する所見は見出せない。
＊外部からの侵害としての食物の拒否や，騒音と動く物体に恐怖を持って反応した。問題はそれが彼らの孤立を妨げようと脅かすことになるのである。彼らには他から邪魔されたくないという非常に強い欲求がある。食物を拒むという形で外界を遠ざけているし，外部からのどんな干渉も，内外の環境を変えるどんなことも，恐ろしい侵害なのである。

1.3　同一性保持の強い要求

先生　「DSM-Ⅳの内容と比較検討してみるのも面白いね。今後の課題としようか。カナーは，やはり極端な自閉的孤立化と，同一性保持の強い要求の2点の特徴に注目していただろうね。ただね，同じ状態を保ちたいという要求は，人間社会の日常にいくらでもみられる。朝起きてまず水を1杯飲む，それから，トイレで新聞を読むとか。講義をうける席も何となく決まっているとか，電車に乗る時間や位置，車両も大体決まっているなんていうことはあるだろう？」

Aさん　「本当に！　誰にでもあるもの……でもそれは合理的な"sameness"で……。」

先生　「不合理な同一性保持だと問題になると思うのかい？　合理的か否かを容易に判断できるものではないよ。不合理なことは他にもいろいろあるんじゃないかな。」

Aさん　「……カナーが"強い要求"といっているのは，程度の問題なのでしょうか。止めるとパニックを起こすのは，何かそこに強い意思とか理由があるからなのでしょうか。」

先生　「自閉症児に内的な理由を求めるのは無理だからね。主観的な強い意図があるともいえないし，客観的にみて常の状態ともいえない。子ども固有のパターンとして認識し，それを保とうとしているのではと考えられているが，よく，わからないんだ。強制的に中断をおこなった時，パニックが起きて初めてその子どものパターンがわかるんだよ。」

Aさん　「そういえば，カナーは，習慣的にシガーを口にするカナーの口元から，シガーを放すと急いで彼の口元にシガーをくわえさえた自閉症児を同一

性保持の一例としてあげています。でも，シガーをふかしても，服装を変えてもパニックは起こさないのです（図7-1）。」

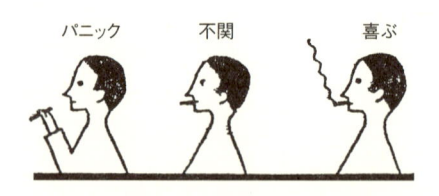

パニック　不関　喜ぶ

図7-1　自閉症の〈同一性保持の強い要求〉1

　先生　「その子どもはカナーを"カナーとシガー"というパターンで認識しているので，そのパターンが崩れる時にパニックを起こすのだろうが，"カナーと服装"というパターンで認識していないのでパニックは起きないと考えられるね。」
　Aさん　「謎の固有のパターンですね。初めの1回の体験が繰り返されるというのも同一性保持の特徴と考えていいですか。」
　先生　「そうともいいきれない。母親がエプロンをつけていないとパニックを起こした子どもが，5ヶ月間その状態を続けた後，今度は母親がエプロンをはずした姿を見ると，外出できるとみて喜び，さっさと自分のはきものの用意をした（図7-2）。また，眼鏡をはずした母親の姿にパニックを起こした子どもが，時がたつと，眼鏡は母親の単なるアクセサリーとして認識できるようになっているんだ（図7-3）。」
　Aさん　「時がたつと同一性保持の内容は移り変わるし，意味も変化する……ということは？　精神的に発達するということですか！？」
　先生　「うん。同一性保持の内容は，精神発達の程度とは無関係ではないといえそうだね。」
　Aさん　「同一性保持の変化について，精神発達と関連づけて調べてみるのも面白そうですね。」
　先生　「たしか，先行研究があると思うよ。今回はカナータイプについて少し勉強したが，いくつか課題は残されたね。カナー以後半世紀がたち，多くの症例報告と多様なアプローチが積み重ねられてきた。だが，自閉症はいまだ本

第7章　自　閉　症　**141**

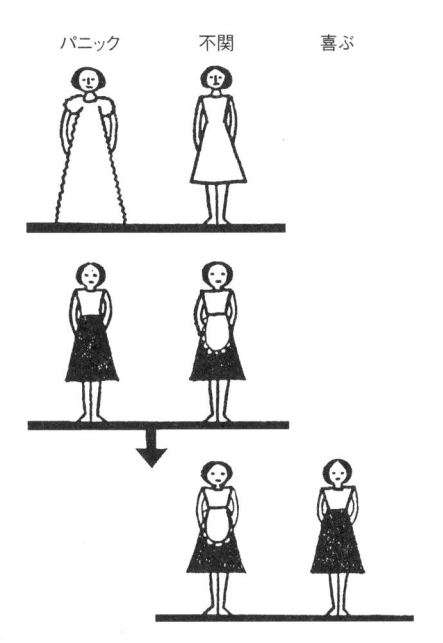

図7-2　自閉症の〈同一性保持の強い要求〉2

図7-3　自閉症の〈同一性保持の強い要求〉3

質的な未解決問題を抱えているんだよ。」

第2節　高機能広汎性発達障害

　AさんとBさんは今日から都市近郊にある公立高校で4週間の教育実習が始まる。2人が乗った電車は通勤通学の人で満員であったが，田園地帯にさしかかり本線から単線になるころには乗客はぐんと減り，電車の中がひろく感じられた。新聞を読むサラリーマンや，にぎやかにおしゃべりがはずむ女子高校生，そして養護学校の生徒たちとつきそいの母親が乗車しているのがわかった。Bさんはコックリと居眠りを始めた。多少太り気味の男の子が昇降口の取っ手につかまり，じっと外を見つめ，何かつぶやいているようであった。その後ろで母親が時々「大きいよ」と声をかけている。電車のリズミカルな振動にまぎれて男の子の口ずさむ電車の音がはっきり聞こえてきた。それは次の駅で電車が止まる金属音や，車掌が駅名を告げ，反対電車の待ち合わせの案内まで，正確に再現され繰り返された。実際の車掌の声より甲高い鼻声であった。女子高生は押し黙り，顔を見合わせ「ふふ……」と笑った。緊張した雰囲気を変えるように1人の女子高生が話し出す。「ねえ，最近流行りの"癒し系グッズ"知ってる？」「癒し系音楽，癒し系ミニペット，……」「私，熱帯魚」「私，ハムスター，C子は？」「えっ？　私……タニシ，えっ？」「……」一瞬，大げさな拍手と嘲笑がわいた感じであった。次の駅で女子高生たちは下車し，C子さんは最後に降りた。Bさんが目覚めて，「どうしてあんなに大声で話すんだろう……。そこまで笑うことかな。」と車窓の景色に目をやった。

　教育実習は初日からハードであった。Aさんが担任の先生に紹介された実習クラスに，驚いたことに，C子さんたちグループがいた。C子さんはすでに「タニシ」と呼ばれていた。翌日からC子さんは「体調不良のため」欠席した。担任の先生から聞くところでは「成績は中の上で，とくに作文に秀でた才能がみられる。授業中はマンガばかり描いて，注意をうけると正解を言いケロッとしている」。Aさんが電車のいきさつを話すと，「いじめはいけないと言ってある。C子は正義感が強く，融通がきかないところがあるから孤立してしまう」とのことであった。担任はさっそくC子さんの家庭訪問へ出かけて行った。

2週間後，大学の研究室で……

先生　「おや，今実習期間ではなかったかな？」

Aさん　「はい，ちょっと調べたいことがあって。先生に相談したいこともあるんです。」

先生　「ほう，何かな……。」

Aさん　「気になる生徒がいるんです。"自閉症らしくない自閉症"とでも言えそうな……。自閉症の仲間に，アスペルガー症候群があることは知っていますが，他にも類似の病態があるようです。もっとも新しい診断基準（DSM-Ⅳ，ICD-10）では，いくつかの広汎性発達障害が分類されています（表7-1）。行動の特徴にいろいろ重なり合いがあって，違うようでもあり，もしかすると，担任の先生が言うように"マイペースでただちょっと変わった子"なのかもしれません。」

表7-1　DSM-ⅣとICD-10の広汎性発達障害の下位診断単位

DSM-Ⅳ	ICD-10
自閉性障害	小児自閉症
レット障害	レット症候群
崩壊性障害	そのほかの小児崩壊性障害
アスペルガー障害	アスペルガー症候群
そのほかの特定不能の広汎性発達障害（非定型自閉症を含む）	非定型自閉症
	精神遅滞と常同運動をともなう過動性障害
	そのほかの広汎性発達障害
	特定不能の広汎性発達障害

先生　「まあまあ，あわてないで。まず，広汎性発達障害とは自閉症類似の病態を指している。障害のあり方が他の発達障害に比べて，しばしば合併し広汎に現れることから名称されたが，総称して自閉症スペクトラム障害ともよばれている。診断するのはそう簡単ではないよ。」

Aさん　「高機能広汎性発達障害というのは？」

先生　「高機能とは，自閉症グループにおいて知的障害を持たないということ。IQ70以上と定義されているが，教育的治療をうけIQ100台になることもある。表7-1に示されているレット障害，崩壊性障害は，そのすべての症例が重度あるいは最重度の知的障害をともなうので，高機能症例はみられない。ア

スペルガー症候群においては，言葉の遅れや知的障害もなく，IQ70以上の高機能といえる。自閉症においては，知的障害を持たない約2割の群が高機能自閉症といえる。さらにその他の知的障害を持たない特定不能の広汎性発達障害もあるんだよ。」

Aさん　「すると，高機能広汎性発達障害には，高機能自閉症，アスペルガー症候群，知的障害をともなわない特定不能の広汎性発達障害の3つがあると考えられるのですね。DSM-Ⅳをみると，自閉性障害の項目（2）では，「意思伝達の質的な障害」とあり，アスペルガー障害の項目Dには「臨床的には著しい言葉の遅れがない（2歳までに単語を用い，3歳までに意思伝達的な句を用いる）」と言語に関しての違いが明記されています。「社会性・対人関係の障害」と，「固執・こだわり行動の問題」については共通です。やはり"言語，知的障害を持たない自閉症"……えーと"会話ができる自閉症""皆と学習ができる自閉症"ということですね。……何か，ピンとこないなあ。」

先生　「それで，その気になる生徒さんはどうなの？　"自閉症らしくない自閉症"とはどういうところからそう思うの？」

Aさん　「小，中学校から通常学級で集団教育をうけてきているということが，自閉症らしくないと思ったんです。会話はスムーズで丁寧語も使います。私への配慮も感じられます。でもそれは今の高機能の説明でわかりました。自閉症と思える点は，集団行動が苦手で孤立していることです。教師からはマイペースで融通がきかないと評価されています。小，中学校のころは，教師に反抗しパニックを起こすことがあったり，そうかと思うと委員をかってでたり，浮いた存在だったようです。ですから，中学校ではいじめをうけていたようで，高校になってからは「目立つよりは静かに孤立しているほうがいい」と考えたらしいです。担任が家庭訪問にきて「できるだけ進んで友達と話すように」と言われたので，翌日「何の話ししているの？」と聞き，「キムタクのドラマ」と言われ，「何てばかばかしい，こいつら」と心で思っているのに「あ，……そうなんだ」と答えて，間があいてシラーとしてしまったと言うのです。皆とかみ合わない，会話を続けることに疲れを感じると教えてくれました。C子さんだけ，皆からうけ入れられない別の世界にいるみたいな感じがして，統合失調症のように了解不能ではないけれど……。先生や親から言われて何とか皆の

仲間に入ろうとしてみるのですが，できなくて，しらけて，「くっ，くっ」と笑われてしまう。何か絶望的な不安にとらわれるみたい。それをマンガに描いて，時々見せてくれるんです。」

　先生　「自閉症というのは，心の中がとても不安定だから，外の世界に固有の変わらないパターンを必死になって保とうとしているのだったね（同一性保持）。それが周囲からみるととても不合理で異種にみえるわけで，正常なものにとっては，そこが不安になる。だから普通の社会生活に合うように変えてやろうといろいろと介入することになる。自閉症児はその介入を嫌うんだ。自分の安定しようとする世界を壊されるかもしれないんだからね。そしてパニックになる。」

　Ａさん　「私だって，安定しようとする心の世界を壊されると感じたら，パニックになるかもしれません。」

　先生　「そうだろう？　ただ，それは健康人の心の世界だ。どちらも守るべき心の世界を持っている。とくに自閉症児は心の"砦"が頑丈だ。言葉があってもなくても，自閉症児の心はそこにあるんだよ。でも，普通の健康な社会で生きていかなくてはいけない。行動療法も1つの方法だが，山中（1978）はつながりとしての"窓"を見つけることを臨床経験から提案している。簡単なことではないがね。」

　Ａさん　「介入ではなく"窓"か……。どうやって見つけることができるのですか？」

　先生　「Ｃ子さんとＡさんの窓を見つける。皆にオープンに開かれているわけではないからね。しっかりと観察してごらん。そして，じっくり考える。答えはＣ子さんが教えてくれるものだよ。」

　教育実習3週間目の朝……。

　Ａさん　「Ｃ子さん，来たり休んだりしている。マンガを読んでいるか，描いていて，あまり話したがらない。……マンガか……。」

　Ｂさん　「私の担当クラスのＤ君も，浮いている。時々，怒ってパニックになる。先生にメールを送ってみようかな。」

　ＢさんはＤ君について，学校の教育活動の中で観察したり，何気ない会話の

中で直接話したことや，養護の先生や他の先生との話からわかった内容をまとめてみた。

〈Bさんのメール〉

　先生，御無沙汰しています。Bです。

　教育実習も残すところ後2週間となりました。元気でやっています。大学まで行く時間がなく，今日はメールで失礼します。実は先生にご相談したいことがあります。Aさんと，高機能広汎性発達障害の子どもについていろいろ話をしています。高校生の中に，そういう子どもたちが意外と多いのではないかと感じています。幼少期や小，中学校でも気づかれないまま高校生になり，社会性のハンディキャップを抱えて理解されずにいる子どもたちです。周囲からは「ちょっと変わった子」としてうけとめられ，やはりいじめの対象になることが多いようです。幼少期のようにはっきりと現れなくても，やはり特徴はみられます。D君もそうなのではないかと思うのですが，以下，状況について添付します。先生の御意見をお聞かせ下さい。

　D君（16歳）は父親，母親の3人家族。母親の言葉によると，父親は無口で普通の人，母親は会社の仕事や家事を的確にやりとげるが「子どもは嫌い，夫は役立たず」と明言し，豊かな情緒性に欠ける。幼少期は手のかからないおとなしい子どもで，外へ遊びに行くことはなく，1日中1人でブロック遊びをしたり，同じ本を繰り返し何時間でも見ていた。小学校の時もいじめられ，時々パニックを起こし大声を出した。母親はD君について次のように話した。「変な子。今時の高校生と違う。江戸時代の人のような風貌。話がかみ合わない。『どうしてお弁当にマッシュルーム入りのコロッケを入れるんだい』としつこく聞く。はっきり，嫌いだと言えば簡単なことでしょ」。D君はいつも母親に「普通になりなさい」と言われてきた。「勉強を頑張らないと母親に嫌われる」と恐れていた。だから最も得意な社会のテストで解答欄を間違えたためにひどい点数になったことで，教科担任に解答欄のつくり方が悪いと訴え，職員室で教科書をばらまいた。また，彼の言動は機械的でロボットのような感じをうけた。時間には正確に行動していた。担任にいじめられた悔しさを訴えてぴょん

ぴょん飛び上がって怒っているような時でも，時計を見て「失礼します」と丁寧に礼をしてその場を去った。D君にとって学校での対人関係は苦痛であった。「笑われた」「バカにされた」「靴を隠された」とひんぱんに訴えた。担任は再度クラスに注意を促した。運動は苦手でバランスが悪かったし不器用だった。それが周囲からはこっけいにみえ，心ない女子生徒が携帯で写真を取り，回して笑ったのをきっかけに，D君は「殺してやる」と職員室で暴れ，蛇口に手をあて散水した。母親を呼ぶことに激しく抵抗したが，母親が来校すると「迷惑をおかけしました。2度とこのようなことはいたしません」と落ちついた表情で帰宅した。また，養護教諭に「登校中の並木道で見上げた秋空の美」について流麗な文章で語り，「なぜだれも気づかないんだ」と言った。「皆が何を見て生きているのか，先生，わかる？ 俺は普通じゃないのだろうか？」と聞いた。授業はうけているが，最近はわけもなく空笑していたり，思うような点数が取れないとテスト用紙を破いたり，キーキー声をあげるので，担任が廊下に連れ出し，「それでは皆に変に思われる。落ちついて」と諭している。

　D君は精神科を受診した。心理テストはWAIS-Rをおこない，その結果IQは100台と知能は高く，言語性と動作性の差は15以上でバランスは悪い。統合失調症の可能性は打ち消せないが，社会性の問題があり，学校や家庭での環境対応を整えながら，投薬治療をおこなうことになった。

　その後，母親は「私には何もできません。あの子がわかりませんから」と言いながらも，D君を通院させている。時々混乱しパニックになるが，それ以上人格が崩れることはなく，登校し続けている。学校では，D君に対して全体が同じ理解をするために話し合いがおこなわれた。

　以上です。
　先生，D君は幼少期にすでに自閉症の傾向があるように思えるのですが，1歳半，3歳児検診で把握されないのでしょうか。私の弟は3歳児検診で自閉症の疑いと言われ，母親は大変ショックを受けました。その後，療育相談員さんが訪問してくださり，通所施設に通い，随分と母親の対応が変わってきたように思います。それでも，ストレス性の大腸炎で入院しました。私も弟の世話をしてみて，頭でわかっていても，怒ったり泣いたりとても感情的になってしま

いました。D君のお母さんは彼を「わからない変な子」として，おそらくとまどったりイライラしながら関わってきているように思うのです。D君が「お母さんに嫌われないように，普通にならないといけない」と強く思うほど，社会とうまくやれない壁にぶつかり，あえいでいるのを感じます。このままでいいのでしょうか？　私は学校で何ができるのでしょうか？

　先生，AさんのクラスのC子さんも，D君も，社会とうまく関われない一方で，「人と関わりたい」「普通に，皆といっしょに」という願いを感じるのです。自閉症児の心の中に「つながりたい」という思いがあると考えていいのではないでしょうか？

　長くなりました。お忙しいとは思いますが，何かヒントを下さい。Aさんと首を長くして待っています！

　先生もどうぞ，お体に気をつけて下さい。

〈**先生からのメール**〉

　Bさんのメール読みました。

　元気にやっているようだね。D君の状況はよく捉えられて書かれている。ドクターは統合失調症の疑いを残しながらも，社会性の問題として捉えている。おそらくアスペルガー症候群と思えるが，思春期の病態はいろいろと症状に変化が出てくるから様子をみているのだろう。

　さて，D君が検診で把握されなかったのは，言葉が話せていたからだろうね。それに今から十数年前のことでは，高機能広汎性発達障害についてわかる人はほとんどいなかったといえる。もちろん，早期発見，早期療育の有効性はかねてから強調されている。今後乳幼児検診は，その意味でも，もっと重要な役割を果たすことになると思うよ。

　自閉症児の特徴の1つに衝動的行動が多いことがあげられる。自分の中に起こる衝動から，全く自分の興味にしたがって行動し，外部からの要求には関心を示さない。それはまわりからみると「自分勝手に話し，行動し，思いのままのことを人にやらせる」ようにとれる。両親にとってはきわめて育てづらい子どもだと思う。Bさんのようによく理解し，葛藤を避けようとしても，日常生活の中でどうしてもしなければならないことを要求すると葛藤が起きることに

なる。学校においても不適応は顕著にならざるをえない。自発的衝動や興味にしたがって行動しようとするから「じっと座っていられない」。だが，Bさんの言うように「皆と一緒のことがしたい」という思いはあるんだ。それは通常幼児期に育ってくる願いで，そこから同じように整列したり，話が始まると静かに先生のまわりに座ったり，集団のルールを身につけていく。自閉症児にはそれができず，苦痛になることもある。1つには認知の問題があるといわれている。うけとめる情報処理の問題や過敏さのゆえに，教室など人がたくさんいて雑音や刺激の多いところでは不快になり，落ちつかなく，時には脅えてパニックになることもあるようだ。「学校で何ができるか」と考えていくことはとても大切なことだ。今後，また考えていくことにしよう。Bさん1人が何かをしようとするのではなく，まず，「どうしてそのような行動をとるのか」考え，理解しようとする中で対応の方法を先生たちと考えてみてはどうかな。D君やC子さんから「人と関わりたい」という願いを感じたことを大事にしてね。

残された教育実習での体験をしっかりしておいで。

〈Bさんから先生へ〉

Bです。さっそくの返答ありがとうございました。

先生のメールを読んでいるうちに，私，いつのまにかD君と弟のことがだぶっていたことに気がつきました。だから，自分が何とかしなくてはと必死になっていたようです。担任や他の先生に相談してみると，先生たちも「何とかしなくては」といろいろと試行錯誤していることがわかりました。しっかり勉強してきます！

第7章のキーワード

カナータイプ，自閉症，常同的運動，おうむ返し，早期幼児自閉症，自閉的孤立，コミュニケーション，反響言語，比喩的言語，潜在的認知能力，非器質障害，同一性保持，高機能広汎性発達障害，意思伝達の質的な障害，固執・こだわり行動の問題，窓，WAIS-R，投薬治療，衝動的

行動，乳幼児健診

◇さらに深く勉強するためのキーワード

WISC：1949年にウェクスラー（Wechsler, D.）は5歳から10歳までを対象としたウェクスラー式知能検査を作成した。言語性検査6種類，動作性検査6種類の下位検査から構成。評価（偏差IQ）は言語性IQと動作性IQの合計値で算出。WISC-Ⅲ，WAIS-R（成人用），WPPSI（幼児用）が多用されている。

【参考文献】

石井高明・若林慎一郎　1977　自閉症の〈同一性保持の強い要求〉　現代のエスプリ―自閉症―，**120**.

Kanner, L. 1943 Autistic disturbances autism of affective contact. *Nervous Child,* **2**, 217.（牧田清志訳　情緒的接触の自閉的障害　現代のエスプリ―自閉症―，**120**.）

黒丸正四郎　1977　幼児自閉症と児童分裂病　現代のエスプリ―自閉症―，**120**.

杉山登志朗・辻井正次（編）　2002　高機能広汎性発達障害―アスペルガー症候群と高機能自閉症―　ブレーン出版

山中康裕　1978　思春期内閉　Jurenile Seclusion―治療実践よりみた内閉神経症（いわゆる学校恐怖症）の精神病理―　中井久夫・山中康裕（編）　思春期の精神病理と治療　岩崎学術出版

第8章

ADHD（注意欠陥／多動性障害）

第1節　子どもとの出会い

　Aさん　「先生，明日からひなげし学園の実習に行ってきます。」
　先生　「ああ，そうだったね。それで，勉強していたの？」
　Aさん　「はい，ちょっと不安で……発達障害児について知識だけでも詰め込んでおこうと思って。今，DSM-Ⅳの「通常，幼児期，小児期または青年期に初めて診断される障害」の項目を暗記したんです。……あー先生，何か言いたそう！　笑っている！」
　先生　「今まで勉強していなかったということだな。診断をするつもりなのかな。」
　Aさん　「ひどい！　あ，でも勉強あまりしていなかったかも……。正しい診断は大切で・す・よ・ね？」
　先生　「診断は医者の仕事だよ。保育士は子どもたちを理解し，適切に対応しようと努力することが大切な仕事だ。」
　Aさん　「そうでした！　でも，せめて少ない知識を整理しておかなくては。ADHD（注意欠陥/多動性障害）は発達に不相応な不注意，衝動性，多動性を特徴とする行動の障害で，神経生物学的障害と考えられています。つまり，何らかの脳の生物学的な異常によって引き起こされる行動。気が散りやすく，落ちつきがなく，後先を考えない行動。いくら注意されてもやめない，我慢できないなど周囲からの期待にそえず，保護者はしつけができていないと非難されがちです。」

先生　「覚えたね。ADHD を持つ子どもたちは障害を持つ子どもとして理解されず見すごされていることが多いんだ。そのために子どもにどんなリスクが起きてくると思う？」

Aさん　「まず1つには，教室での学習や仲間との活動で学ぶ機会を失うことになると思います。遊びが長続きしないし，順番を待てない，乱暴だから友達が少なく孤立しがちになります。叱られてばかり，自分はだめだ，人から好かれない，うけ入れられないという思いが強くなり，ますますやる気もなくなりそうです。」

先生　「そうだね。自己評価が下がり，自尊心を損なうことは子どもに悪い影響を与えることになるだろうね。」

Aさん　「それから，じっくり考えないで行動したり，言葉にすることで，仲間や教師とも衝突しやすくなり，トラブルメーカーとみられてしまうことに。しつけは難しく，家庭内の混乱，外のもめごとの処理など両親の間でも責任をめぐって家庭崩壊や虐待などにつながるケースもあるのではないでしょうか……？」

先生　「あるだろうね。一時的な問題と軽視すると，リスクを高めることになる。思春期，成人になってもかなりの人がこの行動特徴を持ち続けている。障害として見すごされてしまうのはどうしてだと思う？」

Aさん　「先生，DSM-Ⅳの項目を読むと，私も ADHD だったのかと思います。いくつか当てはまりますよ。実際，母親によく「おっちょこちょい。落ちついて，よく考えて行動しなさい」と言われたし，食卓の醤油に手をひっかけてよくこぼして叱られた。自慢じゃないですが不注意行動はいくらでもあげられます。この間も先生のコーヒーに塩を入れてしまったし……！　計画性はないんですよ。」

先生　「塩コーヒーには参ったな。まあ，自慢することでもないがそう責めることでもない。不注意は誰にでもあることだし，それは障害ではない。ADHD が自閉症と比べて診断が難しいのは，Aさんも子どものころそうだったように，一般の子どもにも行動特徴が認められるということだろうね。DSM-Ⅳをよくみてごらん（表8-1）。不注意と多動と衝動性の3つの側面に関わる行動の特徴が，①6ヶ月以上続いていること，②その子どもの年齢や発達に比べ

第8章 ADHD(注意欠陥／多動性障害)

表8-1 注意欠陥／多動性障害の診断基準

A．(1)か(2)のどちらか：
 (1)以下の不注意の症状のうち6つ（またはそれ以上）が少なくとも6ヵ月以上続いたことがあり，その程度は不適応的で，発達の水準に相応しないもの：
不注意
　(a)学業，仕事，またはその他の活動において，しばしば綿密に注意することができない，または不注意な過ちをおかす。
　(b)課題または遊びの活動で注意を持続することがしばしば困難である。
　(c)直接話しかけられた時にしばしば聞いていないように見える。
　(d)しばしば指示に従えず，学業，用事，または職場での義務をやり遂げることができない（反抗的な行動または指示を理解できないためではなく）。
　(e)課題や活動を順序立てることがしばしば困難である。
　(f)（学業や宿題のような）精神的努力の持続を要する課題に従事することをしばしば避ける，嫌う，またはいやいや行う。
　(g)（例えばおもちゃ，学校の宿題，鉛筆，本，道具など）課題や活動に必要なものをしばしばなくす。
　(h)しばしば外からの刺激によって容易に注意をそらされる。
　(i)しばしば毎日の活動を忘れてしまう。
 (2)以下の多動性-衝動性の症状のうち6つ（またはそれ以上）が少なくとも6ヵ月以上持続したことがあり，その程度は不適応的で，発達水準に相応しない：
多動性
　(a)しばしば手足をそわそわと動かし，またはいすの上でもじもじする。
　(b)しばしば教室や，その他，座っていることを要求される状況で席を離れる。
　(c)しばしば，不適切な状況で，余計に走り回ったり高い所へ上ったりする（青年または成人では落ち着かない感じの自覚のみに限られるかもしれない）。
　(d)しばしば静かに遊んだり余暇活動につくことができない。
　(e)しばしば"じっとしていない"またはまるで"エンジンで動かされるように"行動する。
　(f)しばしばしゃべりすぎる。
衝動性
　(g)しばしば質問が終わる前にだし抜けに答えてしまう。
　(h)しばしば順番を待つことが困難である。
　(i)しばしば他人を妨害し，邪魔する（例えば，会話やゲームに干渉する）。
B．多動性-衝動性または不注意の症状のいくつかが7歳未満に存在し，障害を引き起こしている。
C．これらの症状による障害が2つ以上の状況において（例えば，学校［または仕事］と家庭）存在する。
D．社会的，学業的または職業的機能において，臨床的に著しい障害が存在するという明確な証拠が存在しなければならない。
E．その症状は広汎性発達障害，精神分裂病，またはその他の精神病性障害の経過中にのみ起こるものではなく，他の精神疾患（例えば，気分障害，不安障害，解離性障害，または人格障害）ではうまく説明されない。
⇨病型に基づいてコード番号をつけること：
314.01　注意欠陥／多動性障害，混合型：過去6ヵ月間A1とA2の基準をともに満たしている場合。
314.00　注意欠陥／多動性障害，不注意優性型：過去6ヵ月間，基準A1を満たすが基準A2を満たさない場合。
314.01　注意欠陥／多動性障害，多動性-衝動性優性型：過去6ヵ月間，基準A2を満たすが基準A1を満たさない場合。

コード番号をつける上での注意　（特に青年および成人で）現在，基準を完全に満たさない症状をもつものには"部分寛解"と特定しておくべきである。

て顕著に逸脱していること，③その行動が家庭や学校など2つ以上の場所で生じることの3つが，実はADHD診断の重要なポイントになっている。2歳の子どもがレストランを走り回ることはいいとしても，5歳になってもまだ続いているようだったら疑わなくてはいけない。子どもの行動がADHDかどうかを診断するには，子どもの発達に習熟した専門家の観察が必要だ。しかし，面接では子どもの限られた行動しか観察できないから，日常の行動を観察できる親や保育士，学校の教師からの情報を得ることも必要になってくる。」

Aさん　「一定期間，違う状況や場面でも同じように生じるのかという判断をするための情報ですね。親を通して聞けばいいのでは？」

先生　「とかく，思い込みが入りやすいものでね。客観的な情報を得るにはどうすればよいか，どのくらい逸脱しているのかということも，標準的な判断が必要だ。それについてはまた，調べてみるといいね。」

Aさん　「はい。診断は単にレッテル張りではないということですね。……子どもたちへの対応，うまくできるかな。」

先生　「初めから，うまくやろうなんて思わないことだね。しっかり"見立てる"ことは大切なんだよ。そのためには，よく子どもを観察することだ。」

Aさん　「はい。」

　小児保健医療総合センターひなげし学園は児童外来，病棟，デイケア，隣接する小・中学分校を持つ児童のための医療施設である。本館は外来で，1階病棟は開放病棟と作業棟，2階は閉鎖病棟で東病棟は拒食症など医療の介入が必要な子ども，西病棟は発達障害，不登校，被虐待児などが入院している。

　Aさんは西病棟の発達障害児のひまわりグループで2週間の実習が始まる。職員に挨拶をした後，Y保育士が園内を案内してくれた。医師の診察や投薬の時間がなければ病院だと気づかないほど子どもたちは元気に走り回っているようである。

　Y先生が1人ひとりの症状について説明をしてくれた（すべて仮名）。

　①よしお君（13歳）は，自閉症。DQ＝18，母親への暴力が激しくなり入院。体格は良く，ほとんど発語はない。時折ニンマリ笑い，頭を前後に振り，

ぶつかりそうな勢いである。スーパーなどでもロッキングが始まり，止める間もなくコンクリートに頭をぶつけ前頭部を縫った。

②ひろしくん（6歳）は，被虐待児。父親は刑務所で服役中，母親は同棲相手を転々とし，ひろしくんの母子手帳もない。児童相談所の一時保護所から送られてきた。入園当初は頭部に打撲と全身に火傷痕があった。毎日元気に分校に登校しているが「プチ暴走族」と呼ばれている。なれなれしく接触を求めるが思い通りにならないと悪口暴言を吐く。

③あきちゃん（5歳）は，聴覚障害。幼稚園の先生の話を聞きとれず，どうしていいかわからない不安があり，落ちつかない行動が現れた。集団の中では恐がって外へ1人で出てしまう。不注意ではないが言葉がはっきりしない。静かな少人数の中では遊べる。

④こういちくん（10歳）は，脳外傷後遺症をもつ。2年前に交通事故で脳外傷をうけている。前頭葉部分の損傷がある。衝動的な行動が多く，座っていてもたえず体を動かしている。気に入らないとすぐに手を出しトラブルを起こす。

⑤だいくん（6歳）は，脳波の検査でてんかんと診断。学校で集団行動がとりにくい。注意散漫で，多動だがぼうっとしていることもある。けいれん発作は短時間のもので倒れなかったことから気づかれにくかった。

⑥ゆきちゃん（12歳）は，選択性緘黙。小6から不登校傾向。中学では全く不登校。遊び友達はいない。学校で問い詰められると声が小さくなり黙り込む。家では母親に話し，弟に命令するが口調は幼い。おとなしく積極性に欠ける。周囲の目を気にし，人前に出ることを恐がるため集団行動ができない。感情の起伏が激しくすぐ怒る。入園当初は目で合図をしていた。

⑦つとむくん（8歳）は，広汎性発達障害。落ちつきのない子で，じっと椅子に座っていられない。頭は良い子だが，話し方が単調で，その場にそぐわない妙に丁寧な話し方をする。数字にこだわり，見つけると読みに飛んで行ったり，道端の石や木に数字を書き並べる。朝の体操は動きがぎこちない。

元気に走り回る子どもたちがズームアップされ，「しっかり見なさい」と先生の言葉が蘇ってきた。Aさんの一夜づけのDSM-Ⅳが混乱した。

Aさん　「あー，ダメだ。私，見てない。しかもほとんどが多動，衝動性あり……。」
　Y先生　「何か？　ここでは子どもの担当を決めているんです。今日入所するE君，私とAさんで担当することになります。お願いします。」
　Aさん　「はい。よろしくお願いします！」

　Eくんは5歳にしては小さくやせっぽっちな子で，お父さんに手首を引かれて入所。「靴を揃えて，挨拶して」というお父さんの声かけに応じて丁寧に靴を揃え，挨拶をした。園の生活についての説明を聞く時もいぶかしげな表情で静かに座っている。しかし，片手に怪獣カードの束を堅く握っていた。
　Aさん　「Y先生，E君は何の障害なのでしょうか？」
　Y先生　「それがまだよくわからないの。衝動的で怒るととても攻撃的になるらしい。これから脳波をとるから，てんかんの疑いもあるみたいね。小学校入学当初から不登校気味。学校へ行った時に，持っていたカブトムシを友達と取り合いになり頭がとれて，その子に噛みついたらしい。帰宅後，連絡をうけていた母親がE君と謝りに出かけようとした時，「殺してやる」と家から包丁を持って飛び出したE君を，お母さんが必死で止めたとか……。」
　Aさん　「あの……多動じゃないようですし，反抗挑戦性障害……かな？」
　Y先生　「あわてないで。それは，まだわからないわ。名前をつけてもしょうがない。もう，始まっているのよ。」
　Aさん　「あ，はい！」

〈Aさんのメール〉
　先生，こんにちは。Aです。
　実習1日目が終了しました。私，おっちょこちょいで焦ってばかりでした。保育士のY先生が子どもの症状について説明してくれたのですが，落ちつきがない，注意散漫，衝動性，攻撃性などをあわせ持つ子どもや似た症状を持ついろいろな子どもたちがいるんですね。皆ADHDのようにも思え，高機能自閉症にも思えます。DSM-Ⅳに当てはめてみようとすると混乱してしまいました。"しっかり見る"ことは難しいです。担当のE君，おとなしくよくしつけられ

ているようですが，私が「こんにちは」と手を出すと，手をひっこめて後ずさりしたんです。目は怒っているようで，ドキッとしました。それで，反抗挑戦性障害かとまた，レッテル張りを……。

明日は，じっくりとやってみます。

〈先生からのメール〉

メール，読みました。

いよいよ，始まったね。その調子で。

よいところに気がついたようだね。特定の疾患（障害）と同時にみられる別の疾患（障害）を併存障害というんだ。例えば，ADHDを持つ子どもの40〜60％は他に少なくとも1つ以上の精神医学的な障害を持っていることが知られている。ADHDの場合，2次障害といわれている①行動の障害，②不安性障

```
ADHDの併存障害
N=91
                      LD（学習障害）24
                      CD（行為障害）10
          ODD（反抗挑戦性障害）43
              Anxiety（不安障害）16
   Tic, Enuresis, etc.（チック夜尿症など）11
                    併存障害なし 30
```

図8-1　注意欠陥／多動性障害の評価尺度の作成と判別能力に関する研究
(厚生労働省研究班　上林, 2000)

害群，それから，神経学的な機能の異常に関する③学習障害群，④習癖・チック・睡眠の問題などがある（図8-1）。一度，確認しておくといいね。

　それから，ADHDを持つ子どもは先生や親の指示にうまくしたがえないことはあるが，それは注意散漫だったり，衝動的に反応するために起きることで，先生に反抗したり，怒らせようとするような挑発的な意図はないんだよ。「判断」するのではなく，Aさんが「怒っているような目，ドキッとした」という「何を感じたか」を大事にすることだね。

　子どもはだれよりも多く，だれからも注目してほしいと思っている。ADHDを持つ子どもたちは否定的な注目をされてきていることが多いから，ほめてあげること。でも，それ以上に自分をちゃんと見ていてくれると感じることが，もっと，嬉しいのではないかな。

〈Aさんのメール〉

　先生，こんにちは。毎日がめまぐるしく過ぎます。午前中は分校の子どもを引率して授業参観し，午後からは，ひまわりグループの子どもたちと過ごします。E君と毎日プレイルームで遊びます。詰め込んだ知識も役に立たないわけではありませんが，今は親からもらった体力が頼りです。今日はE君のことについて報告します。

　E君は脳波の検査で異常は認められず，ADHDの可能性ありと診断された。WISC-Ⅲの結果は，IQ = 115と高く，とくに言語性は高く，動作性と明らかな有意差があり，何らかの器質的機能の問題があるということだ。表面的にはわかりにくいものの，情緒の不安定，衝動性があるようで投薬治療と並行し，プレイセラピーがおこなわれることになった。

　初日は，入浴の順番が決まっているのを何度説明しても聞き入れず，大声で泣き叫んだ。「好きなお風呂に入れないなら絶対に家に帰る！」と詰所の扉を叩いたり蹴ったりして，そのうち，自室へ行き，ロッカーやベッドをひっくり返した。風呂へ入ってからも泡がついたまま突然飛び出してきて「絶対，風呂に入れてくれないなら帰る！」と繰り返し暴れた。Y先生が，E君と約束を確認して，もし落ちつかなければ部屋の隅にあるペナルティーのイエローチェア

ーに座ること，それでも，守れなければレッドルーム（保護とタイムアウトのための部屋）へ入ることを説明していた。その後，E君は「オレのお風呂まだ？」と繰り返し聞くのでY先生は順番カードを貼り，E君が後何番目か見てわかるようにした。時々，バスタオルを抱いて自らイエローチェアーに座るE君を見かけることもあった。

　分校への行き帰りでも，様々な事件を起こした。「……クマゼミ」と言ったかと思うと，突然木の方へ走り登って降りてこない。「お姉さんのボールペンちょうだい」「これは……」と言う間もなく，胸ポケットからペンを取り走り出す。「そっちはだめ！」と言うとキャハハと笑いボールペンを分解してまきちらし，拾いながら追いかける私に「やまんばあ！」と言いながらすごいスピードで逃げる。やっとのことで男性の保育士さんがホールにある水槽の前でうっとりと魚を見ているE君をつかまえた。「登校中走り出て行くと，分校へ行けなくなるよ」と言うと，「いいもん」と言いながらも聞いているのか，それからはなくなった。

　E君は落ちつきがなかった。理解は早くとくに計算力は優れているのだが，他の子どもが答えるのを待てずに答えてしまうのであった。プレイの時間，皆で何をするかY先生のまわりに座り話し合っている時も，サッカーボールを見つけて「オレ，これとくいー！」と言って蹴る。「フィールドの中でルールを守ってやるのよ」「じゃ，オレが線を引く」と１人で走りまわって決めている。そのうちひらめいたのか，卓球台に上がり「オレ，ここでやる！」と目を輝かせた。そこから投げるボールはよく飛び，あきちゃんの顔を直撃してしまった。あきちゃんは泣き叫び，怒り出す子，体を揺する子，走り回る子，大騒ぎになった。「降りて皆と同じフィールドに入らなければイエローチェアーよ！」「先生は皆大嫌いだ！」私が，側へ行き手を出すと「じゃ，肩車して」と言うので肩車をすると頭にしがみつき，思い切り後ろへのけぞったので，私とE君はそのまま勢いよく後ろへ倒れてしまった。幸い床が柔らかいカーペットだったので怪我はなかったのだけれど，E君はレッドルームへ。その時私は恐かったのだけれど，その後，E君と私は頭に同じ痛みを持つ者同士近くなった感じがした。園から帰る時「E君，またあしたね」「また，10年後ー！」「お姉さん年とっちゃう」「じゃあ，１万年後待ってるよ。また，こそぐったるから

なー！」というやりとりが毎回続いた。

　その後，E君は次第に園での生活にも慣れ，授業では落ちついて椅子に座り，いざこざも少なくなってきた。しかし，当初からY先生が大変困っていたことがあった。

　Y先生　「E君がトイレへ行くと手にうんちがついていることがあるので，聞いてみると，どうもウンチを手で出しているらしい。お尻の筋肉に力を入れると出るよと何回教えても，信用しないの。」
　Aさん　「あ，あの……自分の手でカンチョウですか？」
　Y先生　「そのようなもの。」
　Aさん　「フロイトでいう肛門期の問題なのでしょうか？　それとも，親の愛情不足……？」
　Y先生　「……さあ……。」

　Y先生からその話を聞いた日，E君が「お姉さん，トイレ。オレ，我慢してたから。ついて来て」と言うので，トイレの入り口に立つと，「お姉さん，そこでうん，うんと声かけて」……？。はあ？と思ったが，「うーん。うーん」と踏ん張る声を出す。「お姉さん，もっと思いっきりじゃないとだめ！」「うーーん。うーーーん！」私も必死になり，しばらくすると「……」E君はにっこりと笑い，出てきた。「が，がんばったな……」「お姉さん，オレ，でっかいウンチ出した。見て。」おそるおそるのぞくと便器には今まで見たことのないような大根のようなウンチが突っ立っていた。「本当に！　すっごいごりっぱウンチ！」キャハハと笑うE君。「オレが出したんだゾ！　神様のウンチだ。」理由は全くわからないのだけれど，それ以来，E君は手でカンチョウをしなくてもウンチをするようになった。

　その日は遠足のお菓子を買うために，近くのスーパーへ買い物に出かけることになっていた。ホールの水槽の前を通ったとき，きらっとE君の目が光ったことに気がついた。一瞬，走り出したE君は水槽のまわりをぐるぐる回ったかと思うと，水槽の中に飛び込んだのである。子どもたちは大騒ぎで，他の

子も水槽に入ろうとしている。私は子どもたちを病棟に連れ戻し，再びホールへ戻ると，Y先生は水槽の横でE君と静かに話している。E君の手の中で赤い魚が苦しそうに身をよじらせている。「この魚，外の池で泳ぐのを見たいんだ！」「わかったわ，あなたの気持ちは。でも，そのやり方はまずいと思うよ。いい？　もっといい方法があると思うの。それを考えましょう。」「嫌だ！先生は嫌いだ！」「あなたは，良い子だわ。よく考えればわかるはず。その魚を池に運ぶには助けがいるでしょう？」Y先生が手を出した時，赤い魚がE君の手から逃れ，水槽の外へ飛びはねたのである。E君の重心が傾くと同時に水槽は倒れ，大きな音を立て炸裂してしまった。Y先生の胸にE君は抱きかかえられていた。

　先生，私は大きな考え違いをして，ここへ来たことに気がつき始めています。
　先生，わからないことばかりです。とても，疲れます。
　ただ，E君が無性にかわいいです。"神様のウンチ"を拝見できて幸運です。

〈**先生からのメール**〉
　ご苦労様！
　"神様のウンチ"を見せてもらえる人はそういない。
　一所懸命，命がけで子どもに向き合えたら，実習の価値は十分にある。いい勉強をしているようだね。だがね，帰って来たらピアジェやマーラーの発達理論やエリクソン，そしてフロイトについても，もう一度しっかり勉強することだね。DSM-Ⅳは一般化された規準だ。そこに当てはまるほど人間は単純ではないかもしれないね。だから，われわれは特別な1人の子どもに出会い，しっかりと見ることが大切なんだ。そこでピアジェやマーラーが子どもの行動をどんな視点で捉えていたかを知ることは，さらにわれわれの視点を広げてくれることになる。「なぜ？　何をしているの？」その答えは子どもが教えてくれるものだ。今度の勉強は身につくはずだよ。暗記などしなくてもいいね。E君の症例についてゼミの皆で話し合うのもいいだろう。発達障害を持つ子どもたちは，われわれに何を訴えているのかな。

第2節　発達障害理解への発達論的視点

大学研究室で……

先生　「おっ，やっているようだね。」

Aさん　「こんにちは，先生。今日は暗記しているのではありませんよ。ピアジェについて調べているのです。実習ではいろいろと考えさせられました。」

先生　「ほう，どんなことを考えたかな？」

Aさん　「他の子どもたちも含めてですが，E君をその時「感じとって」いたかなと考えていたんです。初め，集団行動がとれない子，多動な子などとこちらの枠組みでみていた時はよくわからなかったのですが，先生から「よく見て」と言われてからは，E君がいたずらする時に目がきらっとするのがわかるようになりました。でも，虫や魚が大好きなE君が，その時「何を聞き，何を見たのか」，そして「何に惹きつけられたか」「心を動かされたか」を感じとれたかもしれないなと。E君は私たちに言葉で教えてはくれないので，感じとることしかできません。それは頭で考えることとはちょっと違った次元のことのように思えるんです。」

先生　「違った次元とは？」

Aさん　「お母さんと赤ちゃんの世界のことです。母親から聞いたのですが，私も小さい時よく金魚に触ろうとして金魚鉢をかき回したそうです。金魚のことを思い出したら，「赤いべべ着たかわいい金魚，おめめを覚ませばごちそうするぞ」という歌も思い出すんですよ。ね，先生，ここで起きていることはすごいことですよ！　赤ちゃんが金魚を見る，お母さんが金魚を見ている子どもに気がつく。お母さんが「きんぎょさん」と言う。「トット」と真似をする。もっと興味を持って手を入れようとする，お母さんが「お手てはだめね」と止めるか，少し水に入れてやる。新たな刺激に興奮する……。うれしそうな赤ちゃんを見て，お母さんもうれしくなって「赤いべべ着たかわいい金魚……」と歌い出す。ここで，赤ちゃんはたくさんの刺激をうけ取ります。でも，それはお母さんと同じものを見て感じているから，そこにぴたっと当てはまる。そし

て満足するわけですね。」

　先生　「Aさんの赤い金魚のイメージがお母さんとの心地良い気持ちとともに記憶されているんだね。お母さんと同じ赤い金魚を見て（共同注視），伝わっている感じは情緒の発達にとても大切なことで，さらに，同調することでお母さんの新しい働きかけ（お母さんが金魚の歌を歌い出す）を喚起する。これは対人的自己の発生に不可欠な能力なんだよ。乳幼児の認知はそれだけで発達するのではなく，運動機能の発達と母親との情緒交流が相互に影響し合って発達していくものだ。受容，共感などととりたてていわなくても，母親はそれをやっている。」

　Aさん　「お母さんの側にいていっぱい愛されたいという欲求は，睡眠や栄養をとることと同じように大切なんですね。」

　先生　「もし，そのような情緒の絆が形成されなかったり，一時的に断ち切られてしまったら当然重大な影響が現れる。母性剥奪（maternal deprivation）が生じると，激しい嘆きや絶望感，周囲への無関心，さらには心身の発達遅滞に陥ってしまうことがある。」

　Aさん　「ホスピタリズムのことですね。」

　先生　「そうだね。ボウルビィは，刷り込みに関する動物行動学的研究をふまえて，子どもと養育者との間の情緒的絆のことを愛着（attachment）と提唱して，人が十全に成長するために欠くことができない関係としている。乳幼児早期の母子相互の情意関係はその後の精神発達に深く関わっている。」

　Aさん　「発達初期についての心理学的研究の多くは，「認知機能と情意的社会機能は相互に密接に関わって発達する」と述べています。例えば，自閉症の診断が確定するまでの生後3年は，ピアジェが問題にしている「感覚運動的活動」と「表象的思考の段階の始まり」にあたり，また，自我形成の土台となる「対象関係論の発達」（Klein, M.）と「分離・個体化過程」（Mahler, M.S.）に関わる重要な3ヶ年でもあります。」

　先生　「それは重要な視点だと思うよ。それらの視点から精神発達の問題をどのように捉えることができるかな？」

　Aさん　「まず，ピアジェの発生認識論の特徴について整理してみました。（ここについては，第2章と第3章も参照のこと。）

ピアジェは象徴（表象）機能の獲得以前に，生後1年半から2年にわたって，子どもたちが感覚運動段階とよばれる時期を経過すると述べています。象徴機能は反射活動を起源とする外界との交渉活動（感覚運動的活動）を通じて，経験の中から獲得していきます。

　感覚運動シェマの機能には，同化と調節があります。同化は外界を自分の活動のシェマに取り入れる働きであり，調節は外界に即して自分の活動のシェマを変化させる働きです。機能が働いて同化，調節が成立すると構造が成立します。同化と調節の均衡に向かって適応行動が発達します。そして，第6段階にいたって，同化と調節は均衡を達成し，感覚運動的シェマが内在化される形でイメージや象徴の力が獲得されていきます。さらに，前の段階の機能を引き継ぎながら新たな構造段階へと高次化していきます（図8-2，表8-2）。

　ピアジェ理論を適用して自閉症を含む発達障害の実態を明らかにしようとする研究が，1980年代から活発になります。ラターの認知障害説では特定できない，多様なケースが報告されるようになったからです。「生物学的な異常所見の多様性——同じ所見があっても自閉症でなかったり，自閉症でありながら異常所見の見つからない子もまれではない事実——つまり，多種多様な生物学的異常は，発達が遅れる確率を上げる負荷因子として働くに過ぎない。……人間の精神発達とは，脳の生物学的な成熟だけではなく，すでに精神発達を遂げた人々との密接で能動的な交流をして初めて可能となる」という見解です。

　ローゼンタール（Rosenthal, 1980）らは，感覚運動段階の初期レベルに固着しているのが自閉症であると結論づけています。また，シグマンら（Sigman & Ungerer, 1984）は，認知能力と愛着行動との発達的関係を検討し，ピアジェのいう感覚運動段階の第4段階における初歩的なものの永続性の概念が，愛着の形成に必要であると述べ，愛着は象徴能力の発達と深く関わっていると指摘しています（山上，1999）。ピアジェ理論の枠組みは，自閉症児の初期発達の特徴を解明するために重要な枠組みであるといえそうです。」

先生　「うむ。では，人間の精神発達の基礎理論はだれがつくったかわかるかな？」

Aさん　「……エリクソンでしょうか？」

先生　「エリクソンが心理社会的発達として捉えた基礎には，フロイトの心

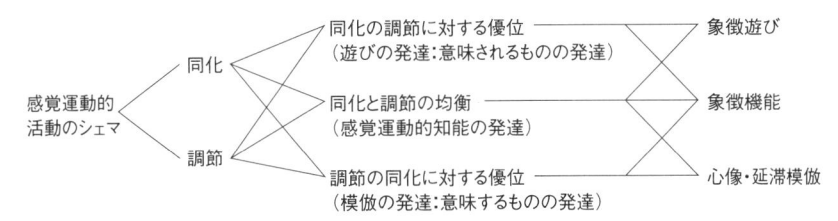

第8章　ADHD（注意欠陥／多動性障害）

```
                    ┌─ 同化の調節に対する優位 ──────── 象徴遊び
              ┌─ 同化 ─┤   （遊びの発達：意味されるものの発達）
              │    └─ 同化と調節の均衡 ──────── 象徴機能
感覚運動的 ──┤         （感覚運動的知能の発達）
活動のシェマ  │    ┌─ 調節の同化に対する優位 ──────── 心像・延滞模倣
              └─ 調節 ┘   （模倣の発達：意味するものの発達）
```

図8-2　Piagetの感覚運動段階の発達機制（山上, 1999）

表8-2　Piagetの感覚運動段階の発達特徴（山上, 1999）
（各段階に相当する月数は目安）

発達特徴 段階	感覚運動段階の発達特徴		
	段階特性 知能＝適応 同化＝調節	遊び 同化＞調節	模倣 同化＜調節
第1段階 （0〜1ヵ月）	生得的反射 シェマ行使		
第2段階 （1〜4ヵ月）	最初の獲得性適応 第1次循環反応の成立	循環反応と明確に区別できない 機能的快楽	循環模倣
第3段階 （4〜8ヵ月）	第2次循環反応の成立 興味ある光景を持続させる 目と手の協応	遊びと適応の分化	自分が保有するシェマで目で見える動作の模倣
第4段階 （8〜12ヵ月）	派生的第2次循環反応 新奇事物探索，目的手段の分化，他人の行動予測，物の永続性，指標の理解	遊びのための遊び	新しいシェマや目に見えない動作の模倣
第5段階 （12〜18ヵ月）	第3次循環反応の成立 能動的実験による新しい手段の発見	発見した新手段をただちに遊びに利用	新しいシェマのすばやく正確な模倣
第6段階 （18〜24ヵ月）	間隔運動的知能の成立 象徴機能の獲得 シェマの内面化 表象による実験，洞察，予想成立	象徴的遊び ・ふりをする ・つもり遊び ・見たて遊び	延滞模倣 シェマが内面かされてイメージ（心像）を形成

理性的発達論が影響しているんだよ．生まれたての時期で，リビドーのも最も活発な身体部位としてフロイトが考えたのが口唇の問題だ（表8-3）．赤ん坊が外界とのつながりで一番活発なところは，乳を吸う吸啜反射といえる．吸いつきながら母親とのコミュニケーションが始まる．」

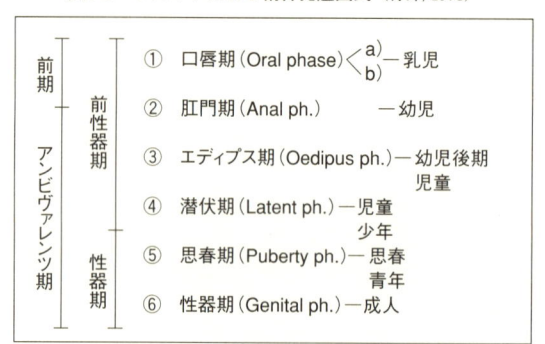

表8-3 フロイトによる精神発達図式 (村井, 1978)

前期	前性器期	① 口唇期 (Oral phase) < a) b) — 乳児
アンビヴァレンツ期		② 肛門期 (Anal ph.) — 幼児
		③ エディプス期 (Oedipus ph.) — 幼児後期 児童
	性器期	④ 潜伏期 (Latent ph.) — 児童 少年
		⑤ 思春期 (Puberty ph.) — 思春 青年
		⑥ 性器期 (Genital ph.) — 成人

Aさん　「ピアジェのいう第1循環期ですね。快・不快の世界での単なる反射と思っていましたが，もうコミュニケーションは始まっているのですね。そういえば，母親がおまえはよく乳首を噛んだからおてんば娘だと……。」

先生　「ハハ……。歯が生えると様態は変わってくる。ただうけ入れる時期に対して，対象を奪い取る，噛み砕くという口唇期の攻撃的時期といわれているからね。赤ん坊も大変だ。噛むと乳を取り上げられた上に母親の顔はゆがみ，怒られることもあるだろう。でも離乳食が入ると噛まなくてはいけない。噛んではいけない時といい時がありそうだ，と母親の反応や感覚で学ぶ。肛門期における葛藤はもっと大きくなる。母親が「ウン，ウン」と言う時便器で排便すると，母親は非常に喜んでくれるが，他の場所でした時とは母親の反応が違う。それで肛門括約筋を上手に使えるようになっていく。」

Aさん　「やはり，母親や保護者との情緒的な関わりが根底にあって発達していくものなのですね。E君が肛門に手をあてながら，私に「ウン，ウン」といわせて「僕がウンチをした！」と確かめていたのはその時期の問題があったのでしょうか？」

先生　「うむ。おそらく，「僕が僕のウンチをした。お姉さんではない」という確認ができた喜びなのかもしれないね。」

Aさん　「声を出す私と，ウンチをしている僕とは違う存在であるということ……それは自他の理解ができたということですか？」

先生　「そうだね。自己認識は運動感覚に由来する身体的自己と社会相互作用によって引き出される対人的自己の成立が必要なんだ。Aさんが初めに話し

たような金魚にまつわる母親とのやりとりもそうだが，彼の場合はウンチだったわけだ。いい体験をしたようだね。共感は頭じゃない。」

　Ａさん　「あの時，必死なＥ君を感じて私も必死に声をかけました。だから「出たア！」と言うＥ君を見てうれしかったのを覚えています。はあ，なるほどわかりました。ですが，一般には１歳ころに自己の認識ができると思うのですが。」

　先生　「一般には１歳というがね，たしかに，Ｅ君は多くの子どもの例からみると遅れているわけだ。この遅れ自体は特殊な例外現象ではなく，本来，連続的・相対的な個人差にすぎない。対人交流を発達させていく度合いにも個人差があり，一定以上の遅れのために様々な困難に出会う子どもたちを自閉症などとよんでいるだけだろう。われわれと同じ一直線上にその子たちもいるんだよ。」

　Ａさん　「だから，つながることができるんですね！」

　先生　「うむ。マーラーとクラインについては調べたかな。」

　Ａさん　「はい。マーラーは精神分析医で，小児科医の経験もあり，母子関係を直接観察した経験から，独自の発達理論をつくりあげました。彼女によれば，乳幼児が母親と一体の未分化な状態から個人として自立していく「分離・個体化過程」は，生後30～36ヶ月の間に達成されます。マーラーはこの期間を次のように３段階に分けています。

（1）正常な自閉期（生後３ヶ月）
（2）正常な共生期（生後３～18ヶ月）
（3）分離・個体化期（生後18～36ヶ月）

　(1)の自閉期では，乳児の自己と外界が一体となっており区別がない状態です。これが(2)の共生期にいたると，乳児は母親を自分の欲求を満たしてくれる対象としてぼんやりと知覚するようになります。共生期は発達上きわめて重要な時期であり，この時期に母親と幼児は互いに情緒的な交流をさかんにおこないます。母親はまるで幼児の自我の一部であるかのように，外の刺激から幼児を守ります。こうして，幼児が自我境界をもうけて，現実を知覚し，欲求不満をコントロールできるように手助けをするというのです。(3)の分離・個体化期も重要です。幼児はあちこち歩き回り，様々な発見をすることに夢中に

なります。母親がいなくても頓着していないように見えますが，支持を求めて母親のもとへ再び引き返してきます。母親のもとから遠ざかったり，また，戻ったりしながら，1人の個人として自我を育んでいくこの時期をとくに「再接近期」（生後15〜22ヶ月）と名づけています。共生期に母親が補ってくれた能力を，自分のものとして取り入れていく過程といえます。分離・個体化が順調に進むと「対象恒常性」が獲得されます。ここにおいて，幼児は母親の一定の心的イメージを持つようになるといいます。この能力はその後のあらゆる対人関係の基本になります。

次に，クラインの理論を土台にして展開される精神発達論を「対象関係論」といいます。クラインも母子関係に注目したのですね。」

先生　「神経症を対象としたフロイトと異なり，クラインの関心は重症の分裂病者の苦しみにあったんだ。"この世が信じられるか" "私は何をよりどころにして生きていったらよいのか" という人と人の関わりの根本を問うようなことだ。クラインは，このような問いが生じる発端は，母親に抱かれている時の乳児の母親と子の関係にあるのではないかと考えた。生後3ヶ月か4ヶ月ころまでに，乳児が密着している母親像そのものを取り込んでしまい，決定的な精神的構えをつくるような影響を受けることになるとね。」

Aさん　「ピアジェのいう同化と違うのでしょうか？」

先生　「ピアジェは同化−調節しながら均衡へ向かう前向きの葛藤（コンフリクト）があると考えている。クラインのいう過程は，批判や選択のない生後早期に「良い母親像」や「悪い母親像」をつくりあげてしまっているという。この失敗は，その後の人格発達過程に決定的な影響を与えることになるわけだ。サリバン（Sullivan, H.S.）もよく似ている。彼の場合，母親像体験が自己像形成につながると考えた。"自分が何者か" という自己の人格像が形成されるのは，どのような母親との心理的共感的交流をするかにかかっている。子どもにとって，安心感（security）という心理的に大事なものが"乳首"を通してコミュニケートされるとサリバンはいう（図8-3）。この安心感に対してエリクソンは何が大切といっていると思う？」

Aさん　「えーと，お乳を飲んで安心してお母さんと一体となっている状態ですね。エリクソンでいう信頼感ですか？」

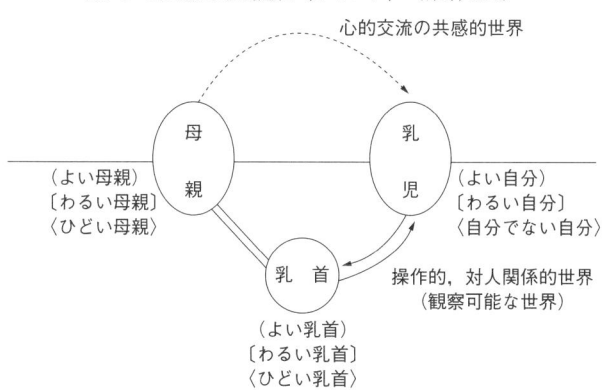

図8-3 自己像の形成過程（サリバン）（村井, 1978）

```
                    心的交流の共感的世界
                 ┌╌╌╌╌╌╌╌╌╌╌╌╌╌╌╌╌╌┐
                 ↓                  ↓
              ┌─────┐            ┌─────┐
              │ 母  │────────────│ 乳  │
    （よい母親）│ 親  │            │ 児  │（よい自分）
    〔わるい母親〕└─────┘            └─────┘〔わるい自分〕
    〈ひどい母親〉    \\            //    〈自分でない自分〉
                     \\          //
                      ┌─────┐
                      │ 乳 首│  操作的, 対人関係的世界
                      └─────┘     （観察可能な世界）
                    （よい乳首）
                    〔わるい乳首〕
                    〈ひどい乳首〉
```

先生　「そうだね。彼はライフサイクル論の中で，乳幼児の発達課題である基本的信頼が十分に達成されていなければ，後の段階の課題達成にも支障を生じるといっている。安心して信頼できる感覚を持つことは，この世でうまくやっていけるという自信を感じることになる。親からの援助や導きは，認知的，社会的に未熟な乳幼児にとって大きな助けになる。だがね，現実は思うようにいかないものでね。ここからが面白い。エリクソンはフロイトの二元理論，生の欲動と死の欲動を前提に発達論を展開している。良いものだけをとるということはできないものだ。創造と破壊が表裏であるように，われわれの発達もどうしても避けることのできない陰の部分を取り入れざるをえないところがあるんだね。現実生活の中では，信頼感に対して当然反対の不信感が起きてくる。この精神発達の両面性をエリクソンは危機とよんでいる。」

Aさん　「クラインやサリバンがいう良い母親（悪い母親）体験と良い母親像（悪い母親像）形成と似ていますね。不信感体験が信頼感体験より大きい場合に危機となる。子どもを育てる母親や養育者のやり方次第で，将来，重大な障害を生むもとになるということをはらんでいるということですね。エリクソンの心理社会的発達の展望図（図8-4）を見ると，ⅠからⅡ段階への移行が困難なのが自閉症。ⅡからⅢ段階への移行が難しいのがADHDであり，ⅢからⅣ段階への移行が困難なのがLDや軽度精神遅滞児とおおまかに捉えることができそうです。学習障害はとくに神経心理学的な障害といわれていますが，学

170　第Ⅲ部　発達障害

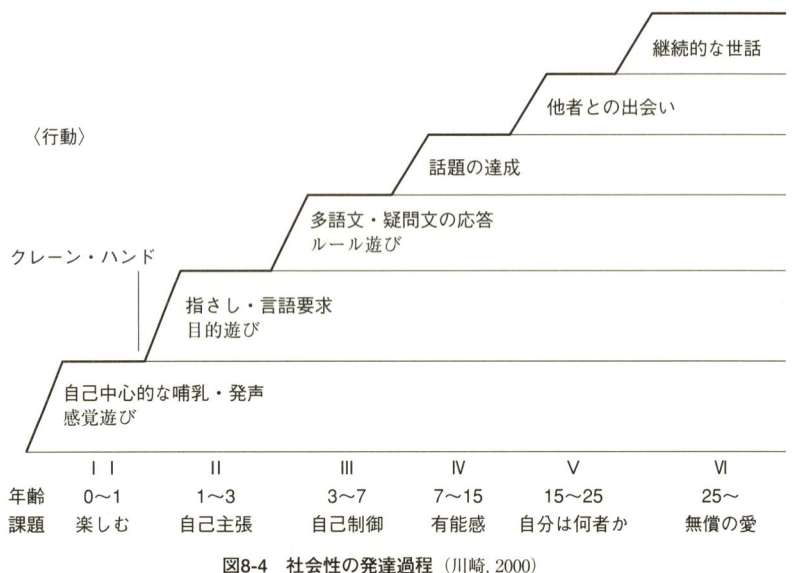

〈行動〉

```
                                           継続的な世話
                                    他者との出会い
                             話題の達成
                      多語文・疑問文の応答
                      ルール遊び
クレーン・ハンド
              指さし・言語要求
              目的遊び
   自己中心的な哺乳・発声
   感覚遊び
```

	Ⅰ	Ⅱ	Ⅲ	Ⅳ	Ⅴ	Ⅵ
年齢	0～1	1～3	3～7	7～15	15～25	25～
課題	楽しむ	自己主張	自己制御	有能感	自分は何者か	無償の愛

図8-4　社会性の発達過程（川崎, 2000）

習の困難さを示す子どもたちは乳幼児期早期から愛着をめぐる葛藤や情動的コミュニケーションの成立に問題がみられるという報告もあります（小林, 2000）。」

　先生　「Ⅳ段階の「勤勉性 vs 劣等性」においても，基本的な信頼感が持てなければ，「技を持っている」という自分への信頼が持てず，劣等感が大きくなるだろうね。」

　Aさん　「養育者と乳幼児の関係のあり方が精神発達にとって大切であるということは，いい方を変えると，冷たい母親が原因と思えてくるのですが……。」

　先生　「養育環境だけに原因があるとはいえないと，カナーも指摘している。むしろ，生物的障害と，誕生後の家族関係や母子の相互的関わり経験の障害が，ともに関与しているといえる。ただ，生物学的障害要因の関与を実証することに熱心なあまり，養育者との愛着関係という貴重な「発達の土壌」が阻害され，2次的な障害にいたる危険性を忘れてはいけないと思う。」

　Aさん　「良い母親経験をあまり持てなかった子どもはやりなおしができるのでしょうか？」

先生 「難しいことだが，例えば，コフート（Kohut, H.）は「人間は一生を通じて成熟し続けるもの」と考え，そのような欠損は母親以外の自己対象（父親，治療者など）によっても修復（治療）することが可能になるといっている。」

Aさん 「仕事への希望が持てました。それにしても，母親になることは大変なことですね。……あっ，でも，相手がいません……。」

先生 「あっ……それは……私に言われてもこまりますが……。」

第8章のキーワード

ADHD（注意欠陥／多動性障害），神経生物学的障害，不注意，衝動性，多動性，DQ，脳波，広汎性発達障害，併存障害，タイムアウト，2次障害，発達論的視点，情緒の発達，運動機能の発達，共同注視，対人的自己，母性剥奪，ボウルビィ（Bowlby, J.），愛着，ピアジェ（Piaget, J.），感覚運動的活動，表象的思考，対象関係論，クライン（Klein, M.），分離・個体化過程，マーラー（Mahler, M.S.），象徴（表象）機能，シェマ，同化，調節，均衡，自己認識，身体的自己，対人的自己，良い母親像・悪い母親像，基本的信頼感，フロイト（Freud, S.）の二元理論

◇さらに深く勉強するためのキーワード

母性剥奪：ボウルビィは，WHOの要請から，「母性的養育の剥奪（maternal deprivation）」によって母親から隔離された乳幼児の心身の反応とその影響に関する観察と研究を集大成した（Maternal Care and Mental Health, 1951）。剥奪を早期の乳幼児期にうけた子どもは，精神発達の遅滞，身体的成長の障害，情緒を欠いた性格障害，非行，深刻な悲痛反応といった，様々な心身の発達障害を残す可能性を示唆した。

IQ（intelligence quotient の略）：知能指数。1905年にビネー（Binet, A.）が初めて知能検査を考案した。その後精神年齢（MA）の考え方を取り入れ，精神年齢（MA）と生活年齢（CA）の比で表そうとするシュテルン（Stern, W.）の考えをふまえて，ターマン（Terman, L.M.）が

実用化したのが知能指数。IQ＝（MA／CA）×100

DQ（developmental quotient の略）：発達指数。シャルロッテ・ビューラー（Buhler, C.）らが，1歳から6歳までの「小児検査」を刊行。幼児や就学前児の発達の状態を調べるための検査。結果の表し方は IQ とほぼ同じ。DQ＝（DA／CA）×100

共同注視：ジョイントアテンション（joint attention）のこと。円滑なコミュニケーションに必要な他者の視覚についての知識である。対象が左右どちら側にあるのかがわかるレベル（生後6ヵ月頃）から始まり，しだいに複雑な位置関係の同定が可能になっていく。

自己認識：新生児は，自他未分化な精神世界に生きている。自己認識の成立は身体的自己と対人的自己の両面からなされる。自己への気づきは，少なくとも1歳以上にならなければ現れない。自己概念が成立した子どもは他者に対しても確かな認識を持ち，その心的状態についても理解するようになる。

対象恒常性：マーガレット・マーラー（Mahler, M.S.）は幼児の精神病の研究から，正常児の精神発達に目を向けるようになり，母子の実験室観察にもとづいて，分離－個体化理論を提示した。正常な自閉および共生は次の分離－個体化の前提となる。再接近期までは欲求不満，分離不安時に対象像の保持ができず，「すべて良い」および「すべて悪い」部分対象像に分裂していた。しかし発達期となると，幼児はなじんだプレイルームであれば，母親から分離して機能できるようになった。
　この観察からマーラーらは，対象恒常性は，愛情対象が不在の時に，その表象を保持するばかりではなく，「良い部分対象と，悪い部分対象を1つの全体対象として表象に統合する」と述べた。安定した信頼にたりる全体対象の存在が母親不在を代理するが，それは対象恒常性が保たれている限りにおいてである。

【参考文献】

Bruno, B. 1967 *The empty fortress―Infantile autism and the birth of the self*―. (黒丸正四郎・岡田幸夫・花田雅憲・島田照三訳 自閉症―うつろな砦― みすず書房)

上林靖子 2002 AD/HDとはどんな障害か―正しい理解から始まる支援― 少年写真新聞社

川崎千里 2000 LDとその周辺障害における社会性の発達―その評価と援助 現代のエスプリ―LD（学習障害）の臨床― 398

小林隆児 2000 関係障害臨床からみた学習とその困難さ 現代のエスプリ―LD（学習障害）の臨床― 398

村井潤一郎 1978 発達の理論―発達と教育・その基本問題を考える― ミネルヴァ書房

山上雅子 1999 自閉症児の初期発達―発達臨床的理解と援助― ミネルヴァ書房

第9章

LD(学習障害)

第1節　LDの概念が生まれた歴史

Aさん　「先生，LDという言葉は英語ですが，アメリカで発達してきた概念なんでしょうか？」

先生　「そうだね。1963年にLD児協会が設立されたから，すでにその時点でアメリカにおける歴史は深いといえる。まず，20世紀に入るころにモルガンというアメリカの学者が「先天性語盲」という言葉でLDに通じる概念を報告している。」

Aさん　「それはどのような症状なのですか？」

先生　「モルガンは，1文字1文字は読めるのに文章の意味を読みとることができない14歳の少年の例をあげている。」

Aさん　「失読症とは違うのですか？」

先生　「いったん成立した機能が解体していく成人失読症と異なり，ある特定の機能が成立しなかったために起きる，発達性の失読症（surface dyslexia）といえるものだ。その後，脳炎の後遺症など，知的に大きな障害がなくても，認知面での障害や，情緒障害など行動面での問題がみられることもシュトラウス（Strauss, A.A.），レッチネン（Lehtinen, L.E.），ウェルナー（Werner, H.）らにより報告された（伊藤, 1980）。これは外因性精神薄弱という概念に通じるものだ。1950年代に入って，アメリカのノブロック（Knobloch, H.），パサマニック（Pasamanick, B.）らが微細脳損傷という概念，その後，1960年代に微細脳機能障害（MBD）が提案されている（星野・八島・熊代, 1999）。」

Aさん　「教育や心理の専門家が取り上げ始めたのもこのころからでしょうか？」

先生　「うむ。1960年代に義務教育での対応が迫られ，1963年に整理され，何らかの教育が必要という意味でラーニング・ディスアビリティーズという名称が提案された。心理教育学的な視点から，マイクロバスト（Myklebust, H. R.）は心理神経学的学習障害という表現で，今のLDに結びつくような診断名を提唱したといえるね。」

Aさん　「それはどのような内容だったのですか？」

先生　「マイクロバスト著『ラーニング・ディスアビリティーズ』は『学習能力の障害』（森永・上村訳, 1967）と訳されている。その中でLDについて次のように定義している。

(1) 全体としての統合
　(a) 知的水準は正常かそれ以上
　(b) 運動機能に大きな障害がない
　(c) 聴能，視覚に異常がない
　(d) 情緒的にも適応がよい（適切な環境）
(2) 学習過程に様々な障害が見られる
(3) このような偏椅は神経系の機能障害によるものである

その後，1963年にサミュエル・カーク（Samuel A. Kirk）が全米LD親の会の母体となる会合でLDという名前を使うことを提唱した。」

Aさん　「サミュエル・カークはITPA（イリノイ式言語学習能力検査）の開発者ですね。」

先生　「そうだね。ITPAは子どもの個人内差を明らかにするものだ。ラーニング・ディスアビリティーズという言葉が生まれた背景には，精神遅滞（表

表9-1　**精神遅滞の診断基準**（DSM-Ⅳより）

317	軽度精神遅滞	IQレベル	50-55からおよそ70
318.0	中等度精神遅滞	IQレベル	35-40から50-55
318.1	重度精神遅滞	IQレベル	20-25から35-40
318.2	最重度精神遅滞	IQレベル	20-25以下
319	精神遅滞，重症度は特定不能　精神遅滞が強く疑われるが，その人の知能が標準的検査では測定不能の場合（例：あまりにも障害がひどい，または非協力的，または幼児の場合）。		

9-1）ではない子どもたちが，なぜ学習障害なのかということがわからず，特異な学習障害という考え方が出てきたんだろうね。」

第2節　医学上からみたLDの概念

　Aさん　「あらゆることがちゃんとできるのに，例えば，読み書きだけが特別にできないというような，特異な子どもたちをLDと考えてよいのでしょうか？」

　先生　「どういう子どもたちをLDと考えようかという診断分類のようなものになると，そんなに簡単にいかない部分も出てくる。例えば，広汎性発達障害との合併した場合や，自閉症が良くなった子どものケースもある。今日，医学における精神疾患や発達障害の診断と分類は，世界保健機関（WHO）が定める「国際疾病分類第10版（ICD-10）」と，アメリカ精神医学会が編集する「精神疾患の診断・統計マニュアル第4版（DSM-Ⅳ）」によっておこなわれているが，それは知っているかな。」

　Aさん　「はい，調べてみました。学習障害（learning disabilities）という医学的な診断名は，ICD-10，DSM-Ⅳのどちらにも存在しません。」

表9-2　学習障害（以前は学習能力障害）
Learning Disorders (formerly Academic Skills Disorders)（DSM-Ⅳより）

315.00　　読字障害　Reading Disorder
　A．読みの正確さと理解力についての個別施行による標準化検査で測定された読みの到達度が，その人の生活年齢，測定された知能，年齢相応の教育の程度に応じて期待されるものより十分に低い。
　B．基準Aの障害が読字能力を必要とする学業成績や日常の活動を著明に妨害している。
　C．感覚器の欠陥が存在する場合，読みの困難は通常それに伴うものより過剰である。
315.2　　書字表出障害　Disorder of Written Expression
　A．個別施行による標準化検査（あるいは書字能力の機能的評価）で測定された書字能力が，その人の生活年齢，測定された知能，年齢相応の教育の程度に応じて期待されるものより十分に低い。
　B．基準Aの障害が文章を書くことを必要とする学業成績や日常の活動（例：文法的に正しい文や構成された短い記事を書くこと）を著明に妨害している。
　C．感覚器の欠陥が存在する場合，書字能力の困難は通常それに伴うものより過剰である。
315.1　　算数障害　Mathematics Disorder
　A．個別施行による標準化検査で測定された算数の能力が，その人の生活年齢，測定された知能，年齢に相応の教育の程度に応じて期待されるものよりも十分に低い。
　B．基準Aの障害が算数能力を必要とする学業成績や日常の活動を著明に妨害している。
　C．感覚器の欠陥が存在する場合，算数能力の困難は通常それに伴うものより過剰である。
315.9　　特定不能の学習障害　Learning Disorder Not Otherwise Specified

先生　「そうだね。だが，それらと関係の深い障害があるだろう？」

Aさん　「ICD-10では，「学力（学習能力）の特異的発達障害（specific developmental disorders of scholastic skills）」，DSM-Ⅳでは，「学習障害（learning disorders）」（表9-2）です。DSM-Ⅳでは，日本語訳では「学習障害」ですが，英語表記は learning disorders と，異なっています。」

先生　「分類内容はどうかな。」

Aさん　「ICD-10では，特異的読字障害，特異的計算能力障害，特異的書字障害，混合性学習能力障害，その他の学習障害，特定されない学習障害に分類されています。一方，DSM-Ⅳでは，読字障害，算数障害，書字表出障害，特定不能の学習障害に分類されています。いずれも，視力や聴力などの感覚障害や教育歴の問題がないにもかかわらず，知的能力から期待される読み，書き，算数（計算）の成績に著しい遅れを示す状態を指しているようです。学力と知能の間にアンバランスがある，つまり，特異な（specific）遅れを特徴とするといえそうです。」

先生　「その背景には，中枢神経の偏りともいえる障害があることも考えられている。それはまだ，推定にとどまることが少なくない。困難領域や発達領域のずれは様々で，LDの中にもいろいろなタイプがある（表9-3）。そのことがLD理解も診断もわかりにくくしている一因だろうね。ただ，鑑別をすることで診断が終わるのではなく，まず，どのようなLD（LDのサブタイプ）で

表9-3　学習障害の分類（黛, 2000）

（　）内はDSM-Ⅳ

言語性学習障害	話し言葉の障害	話の理解の障害（受容―表出混合性言語障害）
		話すことの障害（表出性言語障害）
	書き言葉の障害	読むことの障害（読字障害）
		書くことの障害（書字表出障害）
	算数障害	言語性
		非言語性
非言語性学習障害	視空間認知と視覚運動協調の障害（発達性協調運動障害）	
	社会的認知の障害	

あるか，子どもをよく理解してこそ必要な個別教育プログラムなどの対応策を考えることができる。そのためには，幼児期の行動特徴を聞くなど，生育暦・発達暦を詳しくみることが大事だ。また，出産前後に神経学的な障害があり，脳波に異常が認められたりする。このような医学的な立場からの診断と合わせてチームを組んだ統合的な診断をしていく必要があるだろうね。」

第3節　教育上からみたLDの概念

〈C君のメール〉

先生，ご無沙汰しています。
Cです。
毎年先生からいただく年賀状にメールアドレスが書かれてありましたので，今日は，思い切ってメールしてみました。先生のゼミで，言いたいことを言っていたころが懐かしいです。
大学を卒業し，桜ヶ丘小学校に勤めてもう3年になります。今は5年生の担任をしているのですが，生徒のことでご相談にのっていただきたいことがあるのです。
F君は，授業中よく鉛筆を持ったままじっとしているのです。側へ行き，黒板の数式を写すように言いましたが，困っている様子なのです。「あれ？」と思い，写すところに枠を示してあげると，何とか鉛筆を動かしだしました。ところが，書いては消すことを繰り返して，ノートは真っ黒になり破れてしまいました。他にも漢字の練習帳を見ると，何度書いても，形が

① 筆順の誤り

② 一本多くなったり少なくなったりする

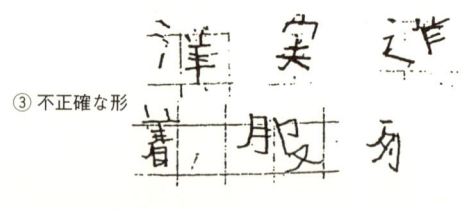

③ 不正確な形

④ 画数が不足する

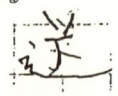

図9-1（別府，2003）

くずれ，時には，線が多くなったり，違う字になっていたりするのです。気をつけて見ていると漢字の書き順も書くたびに違うようです。F君は「きっちりやりたい」気持ちが強い子どもで，自分でも「うまくできない」と思うのか，何回も消しては書き直しているうちに，汗が流れ咳込んでしまうこともあります。テストの成績は良いので，「不器用なだけ」と言う先生もいるのですが，固まって動かないF君を見ると自分を嫌っているのかなとも思えたりするのです。先日，教頭が教室に掲示してあるF君の書写を見て，「へんとつくりが回転したような特異な書き方だ（図9-1）」と気にしていました。F君は学習障害ではないかと思うのですが，正直言って，不勉強でよくわからないのです。ちなみに，「学習障害及びこれに類似する学習上の困難を有する児童生徒の指導方法に関する調査協力者会議」によって1999年に作成された文部省（現在の文部科学省）の定義は次のようなもの（表9-4）でした。

表9-4　学習障害の定義（文部省）（黛, 2000）

> 学習障害とは，基本的には全般的な知的発達に遅れはないが，聞く，話す，読む，書く，計算する又は推論する能力のうち，特定のものの習得と使用に著しい困難を示す様々な状態を指すものである。
> 学習障害は，その原因として，中枢神経系に何らかの機能障害があると推定されるが，視覚障害，聴覚障害，知的障害，情緒障害などの障害や，環境的な要因が直接の原因となるものではない。

　先生はどう思われますか？　もし，学習障害ならどのように対応すればよいのでしょうか？
　ご多忙のことと思います。空き時間がある時で結構ですので，よろしくお願いします。

〈先生からのメール〉
　C君
　こんにちは！　メール届きましたよ。ありがとう。
　3年もたちますか……職場で活躍されている様子，大変うれしく思います。

　まず，学習障害の文部省の定義について，理解する際のポイントをいくつかあげてみよう。

第一に，基本的に知的障害と学習障害とは区別される概念だということ。

第二に，発達障害としての中枢神経の機能障害を背景に認め，環境要因によるものではないということ。

第三に，学習障害の主症状は，「聞く，話す，読む，書く，計算する，推論する能力の困難さ」だということ。

第四に，「定義」では学習障害の主症状からはずされていますが，「運動，動作の困難」「行動の自己調整の困難」「社会的適応性の重複可能性」が解説では指摘されていること。

LDは大きな障害ではないので，幼少時に見すごされることもある。LDを疑われる子どもの現在の状況を把握するには，親が把握する内容に加えて，子どもに対する諸検査，行動観察とを組み合わせて得ることが大切だ（図9-2）。

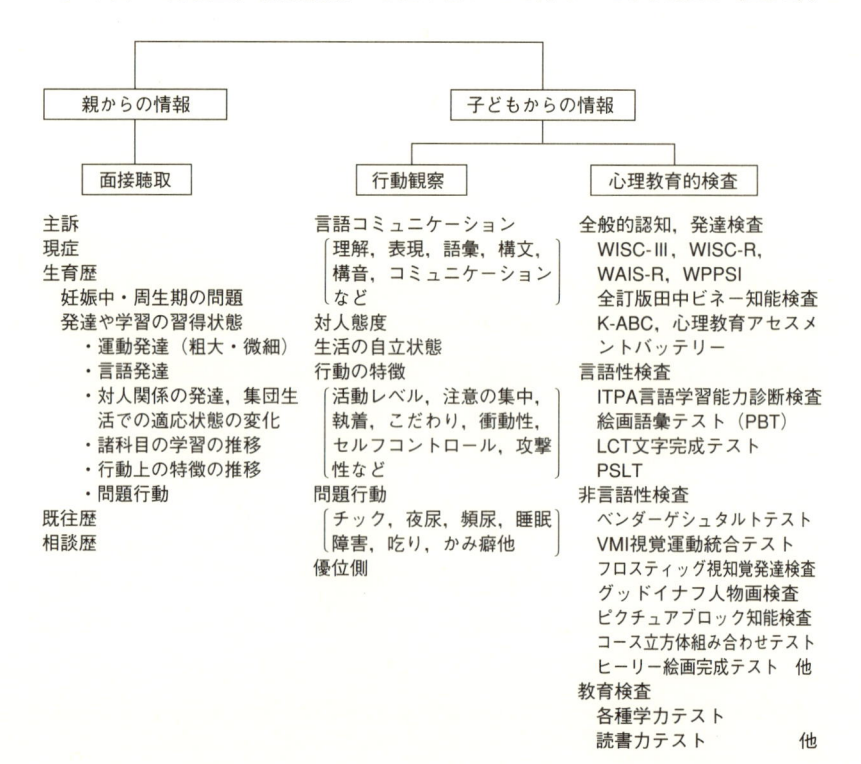

```
                    ┌──────────────┴──────────────┐
            ┌───────────────┐            ┌───────────────┐
            │  親からの情報  │            │ 子どもからの情報 │
            └───────┬───────┘            └────────┬──────┘
                    │                    ┌────────┴────────┐
            ┌───────┴───────┐    ┌──────┴─────┐    ┌──────┴──────┐
            │    面接聴取    │    │  行動観察   │    │  心理教育的検査 │
            └───────────────┘    └────────────┘    └─────────────┘
```

面接聴取:
- 主訴
- 現症
- 生育歴
  - 妊娠中・周生期の問題
  - 発達や学習の習得状態
    - 運動発達（粗大・微細）
    - 言語発達
    - 対人関係の発達，集団生活での適応状態の変化
    - 諸科目の学習の推移
    - 行動上の特徴の推移
    - 問題行動
- 既往歴
- 相談歴

行動観察:
- 言語コミュニケーション
  ［理解，表現，語彙，構文，構音，コミュニケーションなど］
- 対人態度
- 生活の自立状態
- 行動の特徴
  ［活動レベル，注意の集中，執着，こだわり，衝動性，セルフコントロール，攻撃性など］
- 問題行動
  ［チック，夜尿，頻尿，睡眠障害，吃り，かみ癖他］
- 優位側

心理教育的検査:
- 全般的認知，発達検査
  - WISC-III，WISC-R，WAIS-R，WPPSI
  - 全訂版田中ビネー知能検査
  - K-ABC，心理教育アセスメントバッテリー
- 言語性検査
  - ITPA言語学習能力診断検査
  - 絵画語彙テスト（PBT）
  - LCT文字完成テスト
  - PSLT
- 非言語性検査
  - ベンダーゲシュタルトテスト
  - VMI視覚運動統合テスト
  - フロスティッグ視知覚発達検査
  - グッドイナフ人物画検査
  - ピクチュアブロック知能検査
  - コース立方体組み合わせテスト
  - ヒーリー絵画完成テスト　他
- 教育検査
  - 各種学力テスト
  - 読書力テスト　　　　　他

図9-2　診断のための情報（日本LD学会編『LDの見分け方』日本文化科学社）

LDの子どもの心理教育学的診断は，検査の数値のみからの解釈でなされるものではない。多面的な発達と学習の情報検討からされるものであり継続的にみていくことが必要だろう。
　親が心配して相談機関を訪れる場合が多いが，教師の理解が進めば，早期に発見し相談機関へ紹介したり，親との連携も深まることになる。教育現場における教師の理解は子どもの2次障害を防ぐためにも重要といえる。小，中学生についてLDを疑う子どもなのか否かをスクリーニングするためのテストにマイクロバストが作成したPRS（The Pupil Rating Scale Revised）がある。1981年に森永・隠岐が訳出・標準化した日本版の「PRS-LD児（学習障害）診断のためのスクリーニング・テスト」が販売されている。これは教師の評定によるもので，クラスの中で配慮をしたほうが良い子を見つける手がかりにもできる。しかし，教師が子どもをしっかり捉えていく目と知識を持つことも必要だと思うよ。
　一度，大学のほうへ顔を出さないかい？

　大学の研究室で……
　C君　「先生，こんにちは。さっそく来てしまいました。懐かしいなあ。」
　先生　「やあ，元気そうだね。後輩のAさんだ。彼女も今LDに取り組んでいる。」
　Aさん　「初めまして。よろしくお願いします。」
　C君　「こちらこそ。先生からメールをいただいてから学年会で話し合いをしたんです。他のクラスにも5年生でまだ繰り上がりのある掛算ができない子どももいるようです。基本的に全般的な知的な遅れはないのに，書く，計算するという能力の習得が困難なのです。」
　Aさん　「その要因の1つとして認知処理過程の問題が考えられます。ここに情報処理の力をたんすの引出しにたとえた図9-3（上野，1992）があります。認知過程にアンバランスを持つ子どもの場合，開きやすい引出しと非常に開きにくい引出しがあると考えられます。ある引出しは年齢相応の開き方をするのに，ある引出しは年齢や全体的な発達の様相からは予測できない開きにくさを示すのです。」

第Ⅲ部 発達障害

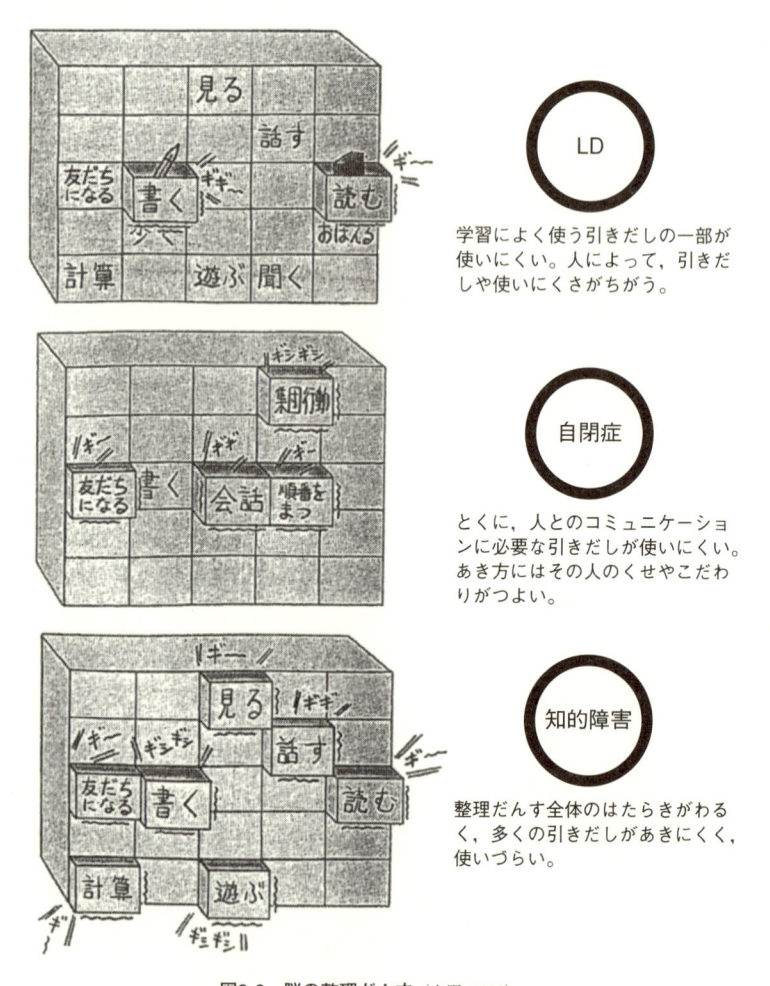

LD
学習によく使う引きだしの一部が使いにくい。人によって、引きだしや使いにくさがちがう。

自閉症
とくに、人とのコミュニケーションに必要な引きだしが使いにくい。あき方にはその人のくせやこだわりがつよい。

知的障害
整理だんす全体のはたらきがわるく、多くの引きだしがあきにくく、使いづらい。

図9-3　脳の整理だんす（上野, 1992）

　C君　「なるほど、でこぼこがあるということですか。そのでこぼこが、他の学習にも困難を引き起こしているのではないかな……。」

　Aさん　「はい、何らかの中枢神経の機能障害が、認知処理過程の障害をもたらし、基礎的な学習能力が困難になり、それは教科学力の学習困難につながり、さらに社会性や情緒、行動面での諸問題へと発展することにもなると思います（図9-4）。」

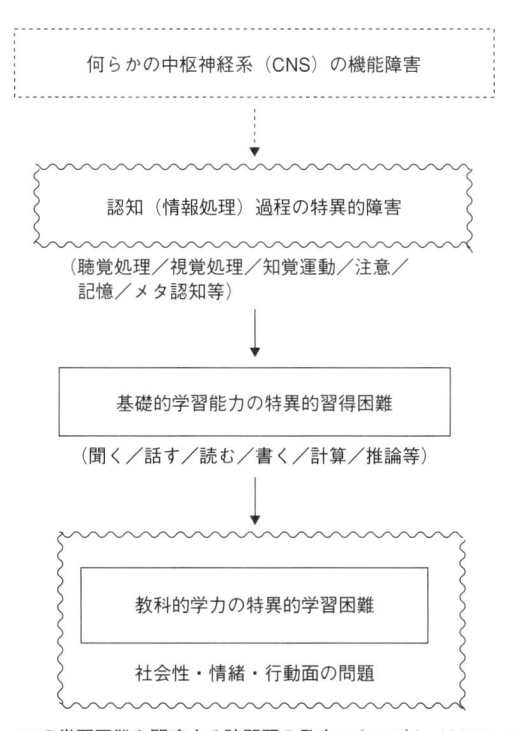

```
┌─────────────────────────────┐
│ 何らかの中枢神経系（CNS）の機能障害 │
└─────────────────────────────┘
              ↓
   〔認知（情報処理）過程の特異的障害〕
   （聴覚処理／視覚処理／知覚運動／注意／
    記憶／メタ認知等）
              ↓
   ┌─────────────────────┐
   │ 基礎的学習能力の特異的習得困難 │
   └─────────────────────┘
   （聞く／話す／読む／書く／計算／推論等）
              ↓
     ┌─────────────────┐
     │ 教科的学力の特異的学習困難 │
     └─────────────────┘
       社会性・情緒・行動面の問題
```

図9-4 LDの学習困難や関連する諸問題の発生メカニズム（上野ら, 2002）

C君「そうか。子どもの状況を理解しないまま，ややもすると「やればできる，頑張りなさい」「きちんとしなさい」と繰り返し，保護者にも「家でもきちんとしつけて下さい」などと指導をしてしまうことにもなりがちです。」

先生「うむ……叱咤激励してしまうのだね。さぼっているのではなく，やり方を知らない子どもたちという視点が大事だろうね。個々の子どもの特性や困難さの背景にある認知の問題をきちんと捉え，きめこまかな配慮と工夫がされることが必要だ。そうすることで，自分が何をどうおこなえばよいのかわかるようになり，自信をとりもどす。」

C君「たしかにそう思いますよ。わかると子どもは前向きに挑戦していこうとします。1人ひとりのわかり方に配慮した教育ということですね。現実問題としてなかなか難しいですよ。通常学級の一学級定員をもっと下げるとか，教育全体の見直しが必要に思います。」

先生　「それと，そういう子どもに対する洞察力と技術をもった，特別な教師をきちんと養成し配置することが，今後，必要になってくると思うよ。」

Aさん　「不登校の増加にともない，1990年に文部省が適応指導教室という概念を出しています。特殊学級とは別な，児童が気軽に利用できるような学力の保健室のようなものがあるといいですね。」

先生　「一番必要なのは，通常学級の先生を援助する体制ではないかな。自分で処理することが教師の力量で，専門家の援助を得ることはある種のギブアップだという意識があると難しいが。」

C君　「スクールカウンセラーの配置は徐々に教育現場に浸透してきているように思います。ある意味，専門的援助をしてくれる人がいれば，すぐにでも始められそうな気がしています。むしろ自分たちのできないことをはっきりさせ，それに対して専門的知識や援助を得ることに期待したいですね。」

先生　「子どもをとりまく様々な領域で総合的な対応をしていかなくてはならない時代がきていると皆わかりつつあると思う。専門外の人と本当の意味でのコミュニケーションをしながらチームプレイをすることができないと，LDや自閉症などの子どもたちをきちんと支援することは難しい。独自の専門性を確立し，自分の領域をしっかり持っていて初めてチームプレイができるものだ。」

C君　「教師は，子どもをよく理解し，障害を理解し，わかるように教えることかな。子どもが「わくわく，どきどきする」ようなちょっとしたアイデアが浮かんできました。やってみます。今日はありがとうございました。」

第9章のキーワード

LD（学習障害），失読症，シュトラウス（Strauss, A.A.），レッチネン（Lehtinen, L.E.），ウェルナー（Werner, H.），認知障害，情緒障害，微細脳機能障害（minimal brain dysfunction: MBD），微細脳損傷，ラーニング・ディスアビリティーズ，マイクロバスト（Myklebust, H.R.），サミュエル・カーク（Samuel A. Kirk），全米LD親の会，精神遅滞，個別教育プログラム，PRS，適応指導教室

◇さらに深く勉強するためのキーワード

精神遅滞（mental retardation）：米国精神薄弱学会（AAMD）の提唱によるもので，「一般的知的機能が明らかに平均よりも低く，同時に適応行動における障害を伴う状態で，それが発達期に現れるものを指す」とされている。近年，精神薄弱なる用語，概念は精神遅滞に置き換えられつつある。軽度，中度，重度などの分類がある。

失読症（dyslexia）：成人の失読症に対して，モルガン（Morgan, W.P.）が提示した発達性失読症は，音読はできるが読解ができないという点で，意味分析回路の障害を示していると考えられている。知的水準は保たれながら，読むことが選択的に阻害されている状態。小児でははっきりとした脳障害がみられないことが多く，軽微な脳機能の偏りが推定されている（MBD）。

情緒障害：emotional disturbance の訳語であり，1961年に児童福祉法の一部が改正されて，情緒障害児短期治療施設が発足したころから使われ始めた。中央児童福祉審議会（1967）は，「当面，この施設に入所すべき児童」として「家庭，学校，近隣での人間関係の歪みによって感情生活に支障をきたし，社会適応が困難になった児童，例えば，不登校，緘黙，引っ込み思案などの非社会的問題を有する児童，反抗，怠学，金品持ち出し等の反社会的問題を有する児童，吃音，夜尿，チックなどの神経性習癖を有する児童」をあげている。LDでは，ストレスを被りやすいことから2次的に起きるとされる。

PRS：マイクロバストのLD児用評定尺度。尺度は5つの行動特性，言語領域の症状（聴覚的理解と記憶，話し言葉）と，非言語領域の症状（定位，運動，社会的行動）があり，計24項目から構成されている。

適応指導教室：いわゆる不登校児の増加にともない，その対策として，従来の特殊学級の枠外での，通常学級の延長上にあり，そうした子どもたちの適応を図るために，より積極的な教育的支援施設として注目され，徐々に効果をあげてきている。また，LD向けの治療教室を考えていく

時のモデルとして興味深い。

【参考文献】

別府悦子　2003　―子ども・家庭・学校をつなぐ―LD・ADHD・高機能自閉症児の発達保障　全障研出版部

星野仁彦・八島祐子・熊代永　1999　学習障害・MBDの臨床　新興医学出版社

Jessie Francis-Williams　1974　*Children with specific learning difficulties.* Lady Francis-Williams.（上野一彦・内山勉訳編　学習障害児―早期発見と指導―　日本文化科学社）

Johnson, D.J., & Myklebust, H.R.　1967　*Learning disablities educational principles and practices.* Grune & Stratton, New Yor.（森永良子・上村菊朗訳　学習能力の障害　日本文化科学社）

小池敏英　2002　LD児の漢字学習とその支援――一人ひとりの力をのばす書字教材―　北大路書房

黛雅子　2000　LD児の心理教育学的診断について　現代のエスプリ―LD（学習障害）の臨床―, 398

Robinson, N.M., & Robinson, H.B.　1976　*The mentally retarded child.* McGraw-Hill, Inc.（伊藤隆二訳編　1980　精神遅滞児の心理学　日本文化科学社）

上野一彦（編）　1992　特別企画―学習障害―　こころの科学, **42**

上野一彦・稲沢潤子（編）　1998　子どものためのバリアフリー　LD（学習障害）の子どもたち　障害を知る本8　茂木俊彦（監修）　大月書店

上野一彦・中根晃　1996　LDとは何か―基本的な理解のために―　日本LD学会（編）　日本文化科学社

第10章
発達障害における臨床的支援

第1節　学校教育への支援

〈C君のメール〉
　Cです。
　先日はありがとうございました。
　F君のことがわからなくて、正直いって参っていたところでした。愚痴を聞いてもらい、知識を得て励みになりました。F君のことがきっかけで、巡回スクールカウンセラーに依頼して「LDの子どもたちへの理解と対応」という内容で研究会を開きました。初めは「うちのクラスは現状対応できている」という担任が多かったのですが、その後は職員室などで「LDかどうかわからないが、実は対応に困っている子どもがいる」と話題に加わる先生も出てきました。すでに学習障害という診断をうけている子どももいるようですが、学校でどう対応していいかわからない。また、問題とされる状況は学習困難ばかりではなく、「落ちつきがない」「注意集中することが難しい」「わがまま」「忘れ物が多い」「大声で暴言をはく」「ひねくれる」「変わっている」「不器用」「妙な正義感」「のろい」など……あげるときりがないほどです。一般の子どもにもみられる内容でもあるのですが、どうも、それらに「とても……」という言葉がつく。そしてついには、けんか騒ぎやいじめ問題を引き起こしてしまうようです。先生の中には「しっかり観察しろと言われても、専門家じゃないんだから。特別扱いはしないぞ」等と言われる方もいます。
　こうした行動や社会性の問題はLDの子どもにも起きるのでしょうか？

〈先生からのメール〉

メール読みました。

C君が一歩進み，また問題に向き合っていくことをうれしく思います。学校の中でくすぶり，放置されてきた問題が，表面化して皆で考えていこうとする雰囲気が感じられます。

先生たちにとって，目につきやすいのは社会性の問題行動かもしれないね。LDは人間関係の問題はないといわれるが，2次的な問題として起きてくる可能性はある。社会性の障害に関しては，従来から自閉症（あるいは，広汎性発達障害），および行為障害の概念がある。また，ネグレクト（養育放棄）に近い環境で育った子どもにもみられる。児童の社会性の問題についての診断はとりわけ慎重におこなう必要がある。診断に際しては，常に心理・社会的診断モデル，児童をとりまく環境の把握など総合的な視野に立っておこなわれるべきことだ。

しかし，教育や臨床の現場では，これは自閉症だ，いやLDだというのではなく，合併はいくらでもあるのだから，広い意味でこういう状態の子どもたちの現実に即応して，今の時点でできることを1つずつやっていく以外にないのではないかな。先生が大変なのもわかるが，やはり，教育の専門家としてね，子ども，本人がおかれているその現実を知ることが大切だと思う。

「ひねくれる」「わがままを言う」「大声を出す」それらの行動の背景には不満や不安が蓄積していそうだ。叱られ，できないことに対して，小さい子どもでも疎外という感じはもっていると思うよ。それまで人として本当に大切にされたということを体験しているだろうか？……「観察しているうちに，何か感じます。ああ，この子，このチャンネルかなあというのを見つけること」と，村瀬嘉代子さんはいう。山中康裕さんは"窓"を見つける。そこから，入っていくんじゃない。入ってこられるのは嫌かなと思う。「Aちゃん，こんな綺麗な声で歌うのね」とほめてあげる。歌という窓が開くかもしれない。いつも走り回る子を叱るのはやめて，何か集中した時に，そこを取り上げてほめてあげる。

LDやADHDの子どもたちには，特別扱いではなく，特別な配慮が必要なんだ。特別な配慮とは，様々な活動場面で子どもがわかりやすく，何をすればい

いのか見通しがもてるようにしてあげること。C君が，一般の子どもにもみられると言っているように，だれでも苦手はある。その延長上にいることを忘れないで。そういえば，何かアイデアが浮かんだそうだが，やってみてはどうかな。いつもうまくいくとは限らない。だから面白いんじゃないか。

〈C君のメール〉

　Cです。
　先生，今日は報告したいことがあります！
　例のアイデアをやってみたんです。それは，屋台たこ焼きです。
　それはF君の漢字練習帳から始まりました。漢字のへんとつくりに枠をつけ，色づけもしてみました。そして1週間に5文字ずつと無理のないペースで，F君の練習帳をつくってみたのです。シールを貼るなどして達成感を持てる工夫もしました。また，漢字は象形文字ですから，漢字の意味を説明する時に絵を載せるなどして僕も勉強しました。他の子どもたちも漢字が面白いと言い出しました。そのころから授業中ふと，こっちを見ているF君と目が合うようになったのです。
　授業で好きな字を書いてもらった時，F君は「たこ焼き」と書いたのです。「焼」という字は練習して書けるようになった字の1つです。それがとてもユニークな字で，隣の子どもが「たこ焼き屋みたいだ！」と言い，皆に「いい字だね」「おいしそう！」などとほめられたのを機に，総合学習の時間にたこ焼きをつくることになりました。その日は，ダンボールの看板にF君が「たこ焼き」と書きました。準備するものや手順をわかりやすく示しました。もともと，きっちりやりたいF君は手順を確認しながら材料を揃え，グループの中でいきいきと動いていました。これだけのことなのですが，皆とたこ焼きを焼いているF君の姿が自由に感じたのです。それから，授業中に鉛筆を持って固まっているF君の姿はあまり見なくなりました。
　アイデアを実行する時は，教師のほうも「わくわく，どきどき」します！

〈先生からのメール〉

　C君，楽しいようだね？

先生が楽しいと、子どもも楽しくなる。F君は緊張がとれて、体の動きも自由になったのだろう。手づくりノートは、自分が大事にされている感じを持っただろうね。自分はだめな子ではないという気持ちが、可能性を伸ばしていくことになると思う。ただ、可能性を追うあまり、過剰な重荷にならないように注意してください。本当に子どもに役立っているかどうかは、子どもの目を見て、観察していればわかってくるものだ。

第2節　保護者への支援

〈Aさんのメール〉

　C先輩、こんにちは。

　Aです。C先輩のクラスで、たこ焼き屋をした話を先生からうかがい、メールをしてみたくなりました。

　私は今、療育センターで働いています。主に、軽度発達障害の子どものプレイセラピーやお母さんの相談に関わっています。F君のように、先生が理解を示して対応してくれることで、子どもはすごく変わっていくと思うんです。私も問題行動のみにとらわれないで、子どもたちが起こす行動の背景にどういう願いや悩みがあるのかをわかろうとしています。

　お母さんの多くは、子どもが学校に入学してから初めて問題に気がついたと話します。しかし、そういうお母さんも、実は育てにくさを感じながら1人で頑張ってこられた方もいます。学校で問題を起こすたび、再三呼び出され「しっかり関わってあげてください」などと言われ、育て方が悪かった自分を責めていたり、学校の対応に不満をもっていたりします。学校と家庭の対立は結局、子どもが疎外され何の効果ももたらしません。そういうことを感じることが多いのです。

　たこ焼き屋での、子ども同士のつながり、F君と先生のつながりはやがて家庭と学校のつながりにもなるといいですね。先輩はF君の保護者の方にはどのような連絡や対応をされていますか？　また、大学でお会いできるのを楽しみにしています。

大学の研究室にて……

先生　「Aさんは問題を持つ子どもの母親面接をしていて，どんなことが難しいと感じている？」

Aさん　「はい。まずお母さんは子どもさんのことを本当に心配して来談するのですが，よく聞いているとその背景にお母さん自身の不安や問題があるということです。その子どもさんの障害について熱心に調べてきて，どうすれば治るのか対応法について聞かれます。中にはエジソンのように特別な才能を引き伸ばしたいと，あちこちのトレーニング教室や医療施設を転々として，もう，行き場がなくなった状態でお会いすることもあります。」

C君　「今はLDやADHDなどの要因は環境の問題ではなく，何らかの器質的な要因だといわれているし，そういう意味では，誰かが責められるとか悪いということはなくなったと思いますが，やはりそんなに簡単ではないのでしょうね。」

Aさん　「はい。多少気持ちの面で楽になったでしょうが，日常生活の中で日々，障害を持つ子どもと関わる母親は大変深刻な状況にあると感じています。とくに軽度発達障害の場合，それが目に見えてこないだけに，イライラや罪悪感や無力感に苛まれることが多いと思うのです。そして，お母さんの不安が子どもへの不安につながり悪循環をつくっていくようです。」

先生　「君たちは，母親にとって子どもとは何だと思う？」

C君　「生きがいですか。子どもは様々な可能性を見せてくれる……。」

先生　「うむ。それもあるだろうね。Aさんは？」

Aさん　「母親にとって子どもは自分の過去なのではないかと思うのです。むずがり泣き叫ぶわが子を見る時，かつて自分が泣き叫んだ思い出が湧いてきて，理屈抜きの得体の知れぬ不安に襲われるといいます。お母さんの中には育てにくい子どもと向き合っている時，ふと，暗い過去をのぞくような苦しみに襲われる方がいます。核家族化や離婚により，孤立した母親が言い知れぬ不安を抱えたままマンションの一室に乳幼児と2人きりでいることは虐待等の危険な状況をつくりかねません。」

C君　「母親の幸せな瞳を見る赤ん坊は，同時に母親を幸せにする自分を見ている。わが子の満ち足りた瞳を見る母親は，子に必要とされ信頼される自分

に会っていると聞いたことがある。不安な母親に抱かれた赤ん坊は不安になるということですか……。」

先生　「うむ。それは，ウィニコット（Winnicott, D.W.）のいう「照らしあう瞳」のたとえだ。母子はつながっている。C君が言うように，少子化や電化製品により生活は便利になり家事労働の負担は減ったが，日本の文化の中で培われてきた自然な育児環境が壊れて，ゆったりとした育児が難しくなっている。母親には子育ての本来の喜びや苦労を分かち合う家族や仲間が得にくくなっている。とくに障害を持つ子どもの育児は難しい。多くの母親は母親であることの楽しさを感じることもなく，孤独の中でわが子と向き合っているといえる。この母子関係に教育者や臨床家が関わる時，どんなことが大切だと思うかね？」

C君　「僕は，ここへ来て安心して相談できたことが励みになったので，やはり，信頼関係をつくることかなと思います。F君のお母さんの話を聞きますと，とても心配してどうしていいのかわからず不安を抱えているのがわかりました。今はカウンセラーの先生と協力しながらお母さんの援助をしています。」

Aさん　「1人で抱え込まずに，医療，福祉，教育等のそれぞれの立場で協力して継続的に援助することが大事だと思います。時にはその周辺で対立が起こることもあります。そんな時，先生は中心にいる子どもを忘れないでと言われますね。」

先生　「ああ，そうだね。子どもや保護者に本当に役に立っていることが大切だ。それぞれの専門家ができることと，限界を心得ていることだ。」

Aさん　「子どもを連れて母親が相談にくる時，私はまず，母親の気持ちをうけ止めながらしっかり支えることが大切と思います。それだけでも育児が楽になるのではないでしょうか。」

C君　「1人で抱えていると苦しいものですよ。気持ちが楽になると，子どもを理解しようというゆとりが出てくるんです。僕なんかは，そこから，具体的なアイデアも生まれました。良い応援団を持ったような心強さ……そういえば，父親のことを忘れていませんか？」

Aさん　「母子を暖かく包む1番のサポーターは父親だと思うんです。面接

の前景は子どもの問題のようでも，実は夫婦の問題だったりします。妻として，嫁として，娘として，女性としての生き方を悩んでいらっしゃる。そんな時，どこに焦点をあてるか迷います。」

　先生　「そうだろうね。母親は相談者であるが当事者ではない。しかし，実は重要な問題を持っているという二元性がある。問題は複雑で多様だ。問題の中心は何か，どの点を取り上げることが意味をもっているか，母親の願いをしっかり聞きながら見立てることだ。自らの生い立ちや，障害を持つ子どもの育児に苦労している母親ほど，家族や学校，地域周辺の専門機関の支持，援助をうけ，身近に信頼し安心して頼れる良い応援団を持ってもらうことだろう。」

第10章のキーワード

臨床的支援，行為障害，ネグレクト（養育放棄），軽度発達障害，ウィニコット（Winnicott, D.W.）

◇さらに深く勉強するためのキーワード

児童虐待：児童虐待の児童とは，一般には児童福祉法に定める18歳未満とするのが妥当である。平成9年に厚生省児童局が監修した手引きによれば，「子どもの虐待のタイプ」を次の4つに分類している。
　（1）身体的虐待　　（2）性的虐待　　（3）心理的虐待
　（4）子どもの保護・養育を放棄し，怠慢なネグレクトする行為
　児童虐待の件数は近年増加の傾向にあり，未発見のものまで想定するとかなりの数と考えられる。その対応には困難な問題が山積する。家族自体が多くの問題を抱えていること，さらには，虐待は親から子へ伝えられる世代間伝達といわれるように，親自身の問題にも対処せざるをえないといった複雑な問題を内包していることにもよる。

軽度発達障害：1980年代，上村らにより，LDとその周辺の子どもに，マイルドリー・ハンディキャップドという言葉が使われるようになった。今後の教育システムを考えていく場合に，ひろい概念で捉え，そこ

> から除外される子どもたちを最小限にとどめることで，かなり共通のサポートを提供できると考えられる。軽度精神遅滞，学習障害，軽度行為障害を含む概念。

【参考文献】

村瀬嘉代子　2000　LDとされた子ども・親との関わり―その後の姿（インタビュー）　現代のエスプリ―LD（学習障害）の臨床―, 398

渡辺久子　1996　母子臨床の現在　こころの科学―母子臨床―, **66**. 日本評論社

人名索引

あ
アスペルガー, H.　125
アリストテレス　26
イタール, J.M.　20, 22
Inhelder, B.　68
ヴィゴツキー, L.S.　60
ウィニコット, D.W.　192
Willinger, M.　46
Wainryb, C.　71
ウェクスラー, D.　25, 150
上野一彦　181-183
ウェルナー, H.　174
Walk, R.D.　47
エリクソン, E.H.　58, 67, 90, 110, 161, 164, 168, 169
大岸通孝　43
大岸素子　46, 63
O'Dell, T.J.　45
落合良行　114, 115

か
カーク, S.A.　175
笠原 嘉　94
カナー, L.　121-125, 134, 136, 137, 139, 140, 170
カミン, L.J.　27
川崎千里　170
Guntheroth, W.　46
Kandel, E.R.　45
上林靖子　157
Gibson, E.J.　47
ギルフォード, J.P.　29
Gwiazda, J.　48
クール, P.K.　52
熊代 永　174

クライン, M.　163, 167-169
Greenspan, S.I.　44
Groome, L.J.　45
Gleitman, H.　50, 61
Graber, M.　49
Krebs, D.L.　71
ケトレー, A.　37
ケラー, H.　54
ゲルマン, S.A.　69, 70
Goldstein, E.B.　47
コールバーグ, L.　74, 75
小林隆児　170
コフート, H.　171

さ
サーストン, L.L.　29
斎藤誠一　85, 95
サリバン, H.S.　168
サン＝テグジュペリ, A.　60
Sears, R.　62
ジェラード, S.M.　89
塩見邦雄　5, 28, 34
シグマン, M.　164
下山晴彦　91, 103, 104, 112, 113
シモン, T.　26, 29
Jusczyk, P.W.　52
シュテルン, W.　172
シュトラウス, A.A.　131, 132, 174
シュルツ, C.　56
ジング, R.M.　23
スカモン, R.E.　9, 43
スキナー, B.F.　77
Streissguth, A.P.　45
スピアマン, C.　29
スピッツ, R.A.　25

スペンサー, H.　26
セリエ, H.　93

た
ターマン, L.M.　172
Tanner, J.M.　86
チョムスキー, N.　51, 58, 59
Damon, W.　80
ティンバーゲン, N.　19
デキャスパ, A.J.　51, 52
Dupoux, E.　54
Dwyer, T.　46
ドーソン, G.　43, 44

な
西平直喜　107
ノブロック, H.　174

は
Birch, E.E.　48
Parke, R.D.　57
ハーロウ, H.F.　24, 56
ハヴィガースト, R.J.　90, 91, 110
パサマニック, B.　174
Vasta, R.　45, 46, 71, 77-79
バンデューラ, A.　32, 76, 77
Van Hesteren, F.　71
ピアジェ, J.　49-51, 59, 61, 62, 67-70, 72-74, 79, 87, 161, 163, 164, 166, 168
ピアソン, A.　27
ビネー, A.　26, 29, 171
ビューラー, C.　172
ファイファ, W.P.　51
ファンツ, R.L.　49
Fernald, A.　52
フロイト, S.　58, 66, 161, 165, 168, 169
ブロイラー, E.　122
フロム, E.　107
Baillargeon, R.　49
Hess, E.H.　55

ベッテルハイム, B.　123
ヘッブ, D.O.　27
ヘルド, R.　48, 49
ボウルビィ, J.　56, 171
星野仁彦　174
ポルトマン, A.　6, 7, 8
Ponsonby, A.　46

ま
マークマン, E.M.　69-71
Mahler, M.S.　161, 163, 167, 172
マイクロバスト, H.R.　175, 181, 185
マイヤー, A.　122
前田重治　93
Maccoby, E.　62
黛 雅子　177, 179
村井潤一郎　166
村瀬嘉代子　188
Mehler, J.　54
モルガン, W.P.　174, 185
Morgan, C.D.　37

や
八島祐子　174
ヤスパース, K.　132
山上雅子　164, 165
山中康裕　145, 188
Young-Browne, G.　47

ら・わ
ラター, M.　124, 164
LaBarbera, J.D.　47
Lamb, M.E.　57
レッチネン, L.E.　174
Levin, H.　62
Rau, L.　62
ローゼンタール, R.　164
ローレンツ, K.　16-19, 22, 54
ワラック, M.A.　30

…

事項索引

あ
愛着　163
　――行動　55
ITPA　175
アイデンティティ　116
アヴェロンの野生児　19, 21, 27
アスペルガー　121
　――障害　126
　――症候群　124
遊び　33
アタッチメント　23, 25
アメリカ精神医学会（APA）　125
安心感　168
安心の場　123
アンフェタミン　126
生きがい感　107
意思伝達　144
一般型　9
遺伝と環境　43
遺伝要因　27
エイジング　3, 35
ADHD（注意欠陥／多動性障害）　151
疫学的調査　125
NHK放送文化研究所　109
MBD　129
LD　129
横断的研究　11
おうむ返し　135

か
外因性　124
　――精神障害　123
概念　99
カウンセリング　116
学力（学習能力）の特異的発達障害　177

家庭崩壊　152
感覚運動シェマ　164
感覚運動的活動　163
環境要因　27
危機　83, 169
器質障害　123
基準的年齢成熟的要因　4
基準的文化的，生育史的要因　4
帰納推理　99
基本的信頼　169
虐待　152
ギャング・エイジ　80
吸啜反射　165
共生期　167
共同注視　163
均衡　164
形式的操作期　88
軽度発達障害　190
原因論　125
幻覚　122
言語・認知障害説　124
言語獲得装置　58
言語障害　124
言語性　147
言語発達の障害　124
行為障害　188
高機能自閉症　144
高校生期　4
口唇期　166
構造段階　164
行動化　94
広汎性発達障害　126, 143
　　高機能――　143
効力感　67
コールバーグの理論　74

刻印づけ　18
国際疾病分類(ICD)　125
国際的診断基準　125
固執・こだわり行動　144
個性化　31, 33
孤独感　110, 114, 115
個別教育プログラム　178
個別的要因　4
孤立感　114

さ

再接近期　168
サルベージ　3, 4
酸素欠乏症　46
ジェンダー　107
自我　94
　――境界　167
　――同一性　102
視覚的断崖　47
自己イメージ　35
自己開示　89
自己中心性　61
自己認識　79, 167
思春期　83
自尊心　152
失読症　174
児童精神医学　123
死の欲動　169
自閉　122
　――期　167
　――症　121
　――症スペクトラム　125
　――性障害　126
　――性精神病質　125
　――的孤立　122, 137
社会化　31
社会学習理論　72
社会性の障害　124
社会的・環境的要因　123
縦断的研究　12
集団的独語　60
馴化　49
準拠集団　88, 92
小学生期　4
象徴　61

――(表象)機能　164
情緒の発達　163
衝動性　151
衝動的の行動　148
情報の圧縮　99
初期学習　6, 19
初期環境　19
初期経験　19
初語　54
心因性　124
神経型　9
神経心理学的の異常　124
神経生物学的障害　151
新生児の身体的発達　8
新生児反射　45
人生発達心理学　35
身体化　94
身体的自己　167
心的イメージ　168
信頼感　169
心理教育学的診断　181
心理神経学的学習障害　175
心理的離乳期　83
スクールカウンセラー　184
スチューデント・アパシー　112
ストレス　92
スピニング　138
刷り込み　16, 18, 54, 163
　――現象　16
生育環境　19
性行動　95-97
性差の逆転現象　66
成熟の前傾傾向　13
生殖型　9
精神遅滞　129, 175
成長加速　13
成長曲線　43
青年期　83, 87
生の欲動　169
生物学的・生得的要因　123
世界保健機関(WHO)　125
摂食障害　113
接触の快　56
選好注視法　48
選択性緘目　155

先天性語盲　174
早期母子関係　123
早期幼児自閉症　122, 137
造語　125
総合的学習　98, 105
創造性　30

た
第1循環期　166
体験化　94
胎児アルコール症候群　45
対象関係論　163
対象恒常性　168
対象の永続性　49
対人的自己　163, 167
対比感受性機能　46
代理強化　77
多動　126
　　――性　151
WAIS-R　147
探索欲　57
知覚的文脈　59
乳首　168
知的障害　143
知的能力　25
知能　27
　　――検査　29
　　――構造　29
　　――の構造モデル　30
　　――の個人差　27
チャム・グループ　92, 97, 108
注意欠陥／多動性障害（ADHD）　126
中学生期　4
中枢刺激薬　126
調節　164
通所施設　148
DSM-IV　125
DQ　154
低出生体重児　45
定巣性　6, 8
適応指導教室　184
てんかん発作　123
同一性保持　122
同化　164
統合失調症　145

動作性　147
道徳ジレンマ　72
道徳性　71
動物行動学的研究　163
投薬治療　147
特異な（specific）遅れ　177

な
内因（分裂病）論　121
内因性　124
　　――精神障害　122
二元理論　169
日本性教育協会　95
乳児期　4
乳児の突然死症候群　45
乳幼児検診　148
ニューロンの配線パターン　43
人称転移　125
認知　17
　　――能力　122
　　――発達モデル　72
ネグレクト（養育放棄）　188
脳障害　129
脳波　155

は
8ヵ月不安　25
発生認識論　164
発達加速現象　9, 13, 66, 86, 87
発達課題　90, 91, 110
発達勾配　15
発達心理学の研究の対象と方向　3
罰の効果と副作用　78
母親の声への傾聴嗜好　51
反響言語　125
反抗挑戦性障害　156
ピア・グループ　108
PRS　181
比較行動学　19
引きこもり　113
非器質障害　122
微細脳機能障害（MBD）　174
微細脳機能不全　129
微細脳損傷　174
　　――症候群　129

比喩的言語　138
表象的思考　163
不注意　151
分離・個体化過程　163
分離・個体化期　167
分裂病　122
併存障害　157
防衛機制　94
崩壊性障害　144
母国語の音素　52
ホスピタリズム　56, 123
母性剥奪　163
保存の獲得　67

ま

メロディー　52
妄想　122
モデリング　32, 76
モデルの役割　77
物の永続性　164
模倣　32

や

野生児　24
有能性　対　劣等感　67
誘惑への抵抗事態　62
よい母親像　168
養育環境　123
幼児期　4
欲求不満耐性　62
喜びと悲しみの表情　43

ら・わ

ラーニング・ディスアビリティーズ　175
離巣性　6, 8
療育センター　190
療育相談員　148
両眼像差　48
臨界期　54
リンパ型　9
レット障害　144
レディネス　22, 24
レム睡眠　44
ローリング　138
ロッキング　138

執筆者紹介
編　　者
塩見　邦雄　　相愛大学教授　教育学博士（京都大学）　臨床心理士
執　筆　者
塩見　邦雄　　第1章
　　　　　　　相愛大学教授　教育学博士（京都大学）　臨床心理士
大岸　素子　　第2章・第3章
　　　　　　　京都ノートルダム女子大学教授
田中　宏尚　　第4章・第5章
　　　　　　　熊本県立大学教授　臨床心理士
小瀬木尚美　　第6章・第7章・第8章・第9章・第10章
　　　　　　　名古屋・矢作川病院臨床心理士　臨床心理士
吉野　　要　　第6章・第7章・第8章・第9章・第10章
　　　　　　　金城学院大学教授　臨床心理士
　　　　　　　　　（第6，7，8，9，10章は小瀬木尚美と吉野要の共著）

対話で学ぶ心理学シリーズ2
対話で学ぶ発達心理学

2004年　6月10日　初版第1刷発行　　定価はカヴァーに表示してあります
2008年10月10日　初版第3刷発行

　編　者　　塩見邦雄
　出版者　　中西健夫
　出版社　　株式会社ナカニシヤ出版
　　　　　　〒606-8161　京都市左京区一乗寺木ノ本町15
　　　　　　　　　　　　Telephone　075-723-0111
　　　　　　　　　　　　Facsimile　075-723-0095
　　　　　　　　Website　http://www.nakanishiya.co.jp/
　　　　　　　　Email　iihon-ippai@nakanishiya.co.jp
　　　　　　　　　　　　郵便振替　01030-0-13128

装丁　白沢　正／印刷　ファインワークス／製本　藤沢製本
Printed in Japan.
ISBN978-4-88848-875-4
Copyright © 2004 by K. Shiomi